职场中，沟通技能太差，你什么都做不了！

职场沟通学

陈建伟◎著

当你遭遇排挤时，当你与同事闹矛盾时，当你挨了领导批评时，当你遇到难以合作的客户时……你如何解决和处理，才能确保简单、明确、高效、无误？

民主与建设出版社

图书在版编目（CIP）数据

职场沟通学 / 陈建伟著 . — 北京：民主与建设出
版社，2016.7
　　ISBN 978-7-5139-1152-8

　Ⅰ . ①职… Ⅱ . ①陈… Ⅲ . ①人际关系学 Ⅳ .
①C912.1

　　中国版本图书馆 CIP 数据核字（2016）第 132985 号

© 民主与建设出版社，2016

职场沟通学
ZHICHANG GOUTONGXUE

出 版 人	许久文
作　　者	陈建伟
责任编辑	郎培培
封面设计	润和佳艺
出版发行	民主与建设出版社有限责任公司
电　　话	（010）59417747　59419778
社　　址	北京市朝阳区阜通东大街融科望京中心 B 座 601 室
邮　　编	100102
印　　刷	北京毅峰迅捷印刷有限公司
版　　次	2016 年 8 月第 1 版　2017 年 5 月第 2 次印刷
开　　本	710mm×1000mm　1/16
印　　张	14.5
字　　数	232 千字
书　　号	ISBN 978-7-5139-1152-8
定　　价	35.00 元

注：如有印、装质量问题，请与出版社联系。

前言
Preface

　　为什么自己拼命工作，却始终没有升职、加薪？为什么能力看起来不怎么样的人反而率先升职了？为什么自己总是被同事排挤？为什么别人总是那么受欢迎？升职落空了怎么办？怎么才能成为职场的赢家呢？……

　　你肯定也很疑惑，不知道自己哪里出了问题。很明显，你置身职场，不是来玩耍的，也不是来欣赏他人成就伟业的，你要做的是成就自己的功业。可是，现实却让你摸不着头脑：明明那么努力，明明做出了成绩，最终获得成功的却不是你。

　　每一个进入职场的人，心里都憋着一把劲，面对现实的残酷和不公平，你肯定会感到不服气，但是又能如何？因为你的失败都是自己造成的，因为你没有纵横职场的真正能力。

　　什么是纵横职场的真正能力？沟通的方法。没错，就是沟通的方法。想要在职场上斩获成功，不懂沟通是不行的。

　　尽管你的做事能力很强，但是如果你的表达能力太差，不懂沟通，你就很难在职场中唱主角。职场中的人，跟剧场中的演员一样，台词少的，表演机会自然也少。因为你的口才差，你的表现机会就少，那么你在职场上闪光的可能性也就少了。

所以，混迹职场，想要有所成就，不仅在于能做，还有更加关键的就是你会不会沟通。沟通，对职场的成功是至关重要的。

· 不懂及时汇报工作的技巧，又怎么能得到领导的信任与倚重呢？

· 无法准确简洁地下达指令，下属又如何能高质高效地完成工作呢？

· 投其所好的话不会说，又如何给客户留下好印象呢？

· 客套话不会说，又怎么让别人对你产生好感呢？

· 不能准确地表达出来，那你的主意又能创造什么价值呢？

总而言之，不管你有多么优秀，你要先把你的优秀"说"出来。如果你还是一名普通得不能再普通的职场人，那你就该好好检讨自己的说话技巧了，同样一件事，为什么别人三言两语就能轻松解决，而你却无能为力？

当然，你也没必要为缺乏说话技巧而担心，因为说话的本领并非来自天赋，只要我们利用自身特有的敏锐洞察力去感悟，在职场生活的每一个片段中不断地搜寻、提炼，然后将其跟自己的实际情况融会贯通，就能使之真正为己所用。

本书专门讲述职场沟通的方法，能让你掌握最实用的说话技巧，能从根本上引导你如何面对职场生活，让你学会如何应对激烈的职场竞争。本书所讲述的方法，不但适合刚刚走入职场的人，对混迹在职场多年却不得其法的人也有不可多得的指导意义。

C目录
ontents

第一章

有效沟通是融入职场的捷径

　　21世纪的职场，信息流、资金流、人才流汹涌澎湃，这进一步加剧了职场的复杂性，从而使得职场成为社会的缩影。在工作更加多姿多彩的同时，职场人之间的对话和沟通也变得更加现实和紧迫。进入职场江湖之中，你是想做名动江湖的大侠还是沦为摆路边摊的路人呢？这一切取决于你会不会说话。

1. 如何快速融入新环境

当进入新的工作环境中，我们需要跟陌生的领导和同事逐步建立联系，从事的工作也可能跟以往所做的有一些区别。这些都会在无形中给人的内心造成一种压力，就像人海茫茫，自己却在一个人际孤岛上，不知道怎样才能快速融入团队之中，并被大家接纳。

事实上，在每个人的内心深处，对外来的或新来的人，或多或少会有些排斥心理。作为一个聪明的新人，我们首先要做的就是抛开自己对他人的陌生感、畏惧心、戒备心。一方面，要多请教自己的新同事、新领导，以便了解新单位的情况；另一方面，专注地投入自己的新工作中。我们的请教显示出对新同事、新领导有兴趣，并乐于跟他们相识、结交；而专心投入工作，则会让大家认为你是个认真的人，并且很喜欢这个新工作。如此一来，新同事会消除对我们的排斥心理，而我们很快便能跟大家打成一片。

某单位同时调来了两个人，小于和小夏。小于是个性格开朗、爱说爱笑的人；小夏则总是一脸严肃，沉默寡言。按理说，小于应该更得人心，可事实却恰恰相反。

小于虽然看似开朗，爱说爱笑，可是目中无人。来到新单位很久了，不仅没有拜访过任何一位同事，而且，在工作过程中也从不向别人请教，也许是他觉得自己有足够的能力干好本职工作。因此，一段时间以后，同事们都断定：小于能调来本单位，一定有后台。后来，大家对小于都敬而远之，对他不冷不热的。

小夏虽然在办公室很少对人寒暄，总是勤勤恳恳低头工作，但是，在工作之余，他却会对同事们问长问短，并且会就许多工作上的问题请教同事。"一回生，二回熟"，没过多长时间，小夏就跟同事们熟悉了，工作方面也更加如鱼得水。

人与人之间就是借助反反复复地交谈、沟通，来加深彼此间的了解，进而增进友谊的。所以，我们进入一个新单位，适应新环境的最好方法就是充分利用业余时间，多跟新同事进行交流，多向他们学习、讨教。

第一，通过自己的语言表达，让新同事们知道，你需要他们的帮助，你需要他们的友谊。只要你能诚恳、虚心并主动地向他人伸出友谊之手，对方也一定会张开双臂欢迎你。如果不知道怎么说，不妨多借鉴一下下面这样的说法：

"小刘，你好！冒昧打扰实在不好意思。不麻烦你吧？我也没什么事情，就是来你这儿随便坐坐。我刚来咱们公司，也没有熟悉的朋友。我们在一起工作，所以就不自觉地走到你这儿来了。"

"小赵，平时上班时间，忙忙碌碌，也没时间聊聊。你来这个城市多久了？你对这儿一定很熟悉吧？"

"原来，你的业余生活还挺丰富的，打牌、钓鱼、下棋样样都会。咱俩杀一盘怎么样？我也好向你学几招。"

第二，做人谦虚一些，低调一些，这会帮助你更快融入公司的氛围。如果我们得到公司的器重，自然可喜可贺。但假如别人此时对我们奉承一番，千万不要马上陶醉起来、喜形于色，因为这会在无形中招致周围人的嫉妒。在面对同事的赞许和恭贺时，务必要保持谦和虚心，这样做不仅能表现出自己的谦谦风度，也能淡化别人对自己的嫉妒，进而赢得同事对自己的敬佩。

"小赵，没想到你毕业一年多就提业务经理了，真是了不起，前途远大啊！祝贺你！"在合作单位工作的客户小王非常钦佩地说。

"没什么，没什么，你过奖了。主要是我们这儿风水好，身边的领导和同事都抬举我。"小赵见同一年进公司的小张在身旁，谦虚地回答。

小张虽然也嫉妒小赵被提拔，但看到他这么谦虚，也就笑吟吟地主动招呼小赵的客户小王："来了啊，请坐啊！我去倒茶。"

试想，假如小赵此时说出"凭我的能力，早就应该被提拔了"之类的话，那么小张肯定心中不快，还可能在以后的工作中跟小赵明争暗斗。

在职场中，当我们明显比其他同事更占上风时，在感情上还是应该跟大家在一起的，千万不可在此时与同事拉开距离。假如能谦和地与同事相处，他们不仅不会对我们心生嫉妒，还可能会在心中承认我们的"优越地位"是靠自己的努力换来的。

第三，遇到嫉妒的人，适当地暴露一些自己的劣势。当一个人处于相对优越的地位时，应注意显露自己的劣势，以减轻那些容易嫉妒者的心理压力，让他们有一种"他也跟我们一样"的心理平衡感，以此淡化乃至消除别人对自己的嫉妒心理。

赵川是刚大学毕业的新教师，对最新的教育理论有较深入的研究，讲课风格也很受学生们的欢迎。一些任教多年却缺乏这方面研究的老教师，看到这样的情况，难以抑制自己的强烈嫉妒心理。赵川也意识到了这种情况，想改变自己的处境。所以，他故意在办公室的同事面前大曝自己的劣势：一点教学经验都没有，对学校和学生的情况也不是很熟悉，并且一再强调"希望老教师们多多指教和帮助"。

赵川暴露自己的劣势后，老教师们对他的看法大大转变，有些人甚至开始主动与他接近，积极探讨各类教学问题。赵川这种做法有效地淡化了自己的优势，弱化了老教师对他的嫉妒心理。

第四，在职场中，还要懂得"不耻下问"，满足他人好为人师的心理。有的新员工进入公司后时间不长，就能很好地融入公司的整体氛围中，说话办事都符合公司的风格；而有的人进入公司后，没多久就辞职离去，因为他们难以适应公司的氛围，并且跟同事之间的关系也是疏离的。这些不同情况的出现，关键就在于能否做到"不耻下问"。

职场中应"以人为师，少说为佳"。当然，"少说"并不是不说。在说的时候，要注意投其所好。不懂的要问，懂的也可以装作不懂去问。假如我们的提问，能够使对方口若悬河，让对方产生一种满足和被尊重的感觉，那我们在以后的日子里，便能有一个良好的工作氛围了。

总而言之，一个人在职场上的路能走多远跟他会不会说话做事有很大关系。在这个过程中，假如能够始终保持谦和低调，那肯定能让自己跟同事之间的关系变得融洽。

2. 越谈越投机的秘密

跟不熟悉的人交往时，要多寻求彼此在兴趣、性格、阅历等方面的共同之处，使双方在越谈越投机的过程中获得更多关于对方的信息，迅速缩短彼此的距离，增进感情。

美国耶鲁大学的威廉教授在8岁时，有一次到姑妈家度周末。傍晚时分，有个中年人慕名来访，但姑妈好像忙于准备晚餐，所以他跟姑妈寒暄过一阵子之后，便把注意力转向了威廉。

那时，威廉正在玩模型船，而且玩得很专注。他看出小威廉对船只很感兴趣，便滔滔不绝地讲了许多有关船只的事，而且讲得十分生动有趣。当晚餐结束后，他们已经成了忘年交。等那人离开之后，威廉仍意犹未尽，一直向姑妈提起他。姑妈告诉他，来访者是一位律师，根本不可能对船只感兴趣。

"但是，他为什么一直跟我谈船只的事呢？"威廉问道。

"因为他是个有风度的绅士。他看你对船只感兴趣，为了让你高兴并获取你的好感，他当然要这么说了。"姑妈说。

由此可见，同陌生人谈话时，如果想尽快找到共同话题，就要尽快地找到自己跟对方的共同点。那怎样才能找到这些共同点呢？对职场人来说，寻找共同点的方法还有很多，如面临共同的生活环境、共同的工作任务、共同的行路方向、共同的生活习惯等，只要细心寻找，就一定能找得到双方都感兴趣的共同话题。像下面这两类话题，都可以让你变身职场话语高手。

第一，大家熟知的话题。在饭局中谈论大家熟知的话题有两大好处：首先，熟知的话题对每一个人来说都不陌生，每一个人都能够发表几句自己的看法，并且正因为熟悉，所以能够谈得深，谈得透，谈得妙趣横生，很容易把每一个人的兴致都调动起来；其次，大家熟知的话题往往牵涉到一些共同的体验和经历，因而在谈论过程中很容易激发共鸣，拉近彼此的心理距离。

找到大家熟知的话题其实并不难，关键是要抓住聚会群体的基本特征。比如单位同事聚会，不妨引导大家谈一谈单位的业务问题，让大家畅所欲言，或者是在单位领导不在的情况下，引导大家评论评论领导的优缺点，只要不涉及人身贬损，权当作谈资也无所谓。当然，这是指聚会的成员比较熟悉的情况，如果参加聚会的人尚不十分熟悉甚至初次相见，那么你就必须根据大家的性别、年龄、职业、家庭背景等来揣摩大家较为熟知的是什么样的话题。

第二，大家关心的话题。除大家熟知的话题之外，大家关心的话题也能够迅速调动聚会的气氛。

那么，什么样的问题才是大家所关心的呢？粗略归纳，不外乎有两种：

一种是牵涉到大家个人利益的问题，例如对同在一单位的同事来说，本月是不是要多加班、国庆节是否组织旅游等，这些都牵涉到每个人的切身利益，因而大家都很乐意发表一番自己的见解。

另一种是那些能够让大家感兴趣的话题，这主要和聚会者的职业、个人爱好有关。例如，几位同事去餐馆聚会，感到没什么可聊的，聚会发起者小王无计可施之际，忽然想起几个同事中有三位是钓鱼迷，于是就赶快引出了有关钓鱼的话题，说："我前两天买了一杆海竿，刚用了一次就出了问题，正好向你们几位请教一下。"这一下，几位钓鱼迷就来了兴致，先帮助小王解决钓竿的问题，进而又畅谈到了钓鱼的方方面面，最后竟聊起了谁的妻子最会烧鱼。聊到这里，那几个不太喜欢钓鱼的同事也兴致勃勃地加入进来，聚会的气氛十分热烈。可见，寻找大家关心的话题对于调动聚会气氛确实是非常有效的。

第三，你也可以聊一聊平常的话题。话题的选择，应具体情况具体分析，如果一时没有合适的切入点，不妨从下面几个话题寻找突破口。

（1）谈谈天气和新闻。在和不熟悉的同事交谈时，可以找些轻松的话题，比如谈天气和新闻。这是一类比较大众的话题，容易引起共鸣。这就要求你平时要多关注一下天气情况，多看一些书籍、杂志、资讯性的新闻等，以备丰富的谈资。

（2）聊聊彼此熟悉的人和事物。这一类的话题也比较大众。在同一个大的社会背景下生活，总会有彼此都熟悉的人和事。聊聊这些彼此都熟悉的人和事可以使双方有一种一见如故的亲切感，拉近彼此的距离，为建立牢固的合作关系奠定基础。

（3）问问彼此的爱好和兴趣。这个前面已经提过，便不再赘述。尽量找到与对方共同的爱好和兴趣，并以此为媒介带动双方的情感互动，拉近彼此的距离。

只要找到了和大家的"共同点"，就不难将话题展开，而话题展开了，双方的关系自然也就拉近了。

3. 获得对方好感的法宝

心理学研究发现，越是善于倾听的人，跟他人关系就越融洽。因为倾听本身就是对对方的一种褒奖，你坐在那里耐心倾听对方的谈话，等于告诉对方"你非常值得我尊敬"，对方又怎能不积极回应，对你表示出好感呢？有人曾向日本的"经营之神"松下幸之助请教经营的诀窍，他说："首先要细心倾听他人的意见。"

松下幸之助给拜访者留下很多深刻的印象，善于倾听就是其中之一。一位曾经拜访过他的人进行过总结："拜见松下幸之助是一件轻松愉快的事，根本没有感到他就是日本首屈一指的经营大师。他一点也不傲慢，对我提出的问题听得十分仔细，还不时亲切地附和道'啊，是吗'，毫无不屑一顾的神情。见到他如此的和蔼可亲，我不由得想探询'松下先生的经营智慧到底蕴藏在哪里呢？'调查之后，我终于得出结论——善于倾听。"

每个人都想说好话、说巧话，都想通过会说话赢得好人缘，却忽略了沟通的另一面——倾听。其实，会倾听同样能让你在沟通中赢得对方的好感，帮你打开成功的另一扇窗。假如跟人沟通时不注意倾听，就算你巧舌如簧，也可能是一个失败者。对身为领导的职场人来说，如果想更好地赢得下属的尊重，从而更轻松地驾驭下属的心，倾听无疑是最为行之有效的秘密"法宝"之一。

苏格拉底说："上帝让每个人有一张嘴巴，两只耳朵，就是要我们多听少说。"作为一名领导，要想有效地跟下属交流与发挥自己的领导力，首先要做的就是了解下属，取得对方的信赖。领导力并不是靠地位、职权、魅力获得的，而是靠"至诚"的沟通来实现。

夏一飞在商界被誉为谈判高手，在一次关于供货合同的谈判上，供货商先谈到双方合作很愉快，又谈到现在原材料价格波动较大，加工成本攀升，还谈到省外的几家公司上门求货，给出的条件更为优惠，等等。俗话说"敲锣听声，说话听音"。夏一飞听出了对方的弦外之音：供货商想提高供货价格，又担心对双方的合作有影响，到头来价格没有提高反而丢了一个可靠的合作伙伴，所以，在那里费尽心机、弯来绕去。

夏一飞考虑现在成品出厂价格确实在逐渐上涨，假如在其他地方进货，价格也要比原来高不少，适当提高价格也没什么，而且又是长期合作的关系，于是就直截了当地说："这样吧，明年的供货合同照签，价格按现行的市场价走。"

供货商听后顿时眼睛发亮，朗声大笑道："哈哈，跟你这样的聪明人合作就是痛快！"就这样，合同在很短的时间里就谈妥了。

夏一飞这次谈判为什么会成功呢？供货商并没有直接提涨价要求，而是说了"加工成本攀升""别的公司上门求货，给出优惠条件"之类的话。这些话语里隐含的意思很明显：成本增加，产品价格要相应提高；而且我的货很抢手，别人争着要，不跟你合作我也不会受到影响。夏一飞没有急于评判，而是细致地听明白了对方的言外之意，在权衡利弊得失之后，主动把价格抬高，从而使谈判以双赢结束。

在职场沟通中，当对方不直截了当讲明自己的意图，我们又需要弄清其话语的含义时，认真细致地倾听显得格外重要。遇到这样的情况，我们应该边听边思考，等完全听明白了对方的言外之意后，再发表自己的意见，这样不仅能赢得对方的好感，还能创造良好的交际氛围。

那么，如何才能做到一个合格的倾听者，而不被对方认为你是在敷衍他呢？

第一，对讲话的人表示称赞。这样做能营造良好的交往氛围。对方听到你的称赞越多，他就越能充分而准确地表达自己的思想。相反，如果你在听话中流露出半点消极态度，就会引起他的戒备，对你产生不信任感。

第二，全身心地投入。你可以这样做：面向说话者，同他保持目光的亲密接触，同时配合一定的姿势和手势；无论你是坐着还是站着，都要与对方保持适当的距离。要知道，每个人都愿意与认真倾听、反应灵活的人交往，不愿意与推一下转一下的"石磨"打交道。

第三，要耐心地倾听对方的问题。不要在别人说话的时候打断他，而接着由自己发挥。这种不礼貌的行为会扰乱对方的思路，或者抢了对方的风头，因此让他耿耿于怀。时刻记住，当别人说话时闭上你的嘴，让你的耳朵保持顺畅。即便对方言语乏味，你也要耐着性子聆听。因为别人对你说的话不会感兴趣，除非他已经说完。

第四，向对方提出问题。作为一个倾听者，不管在什么情况下，如果倾听过程中，你不明白对方的话是什么意思，你就应该及时用适当的话语让他知道这一点。比如，你可以向他提出问题，或者积极地表达出你听到了什么，以便于对方纠正你听错的地方。如果你什么都不说，对方怎么能知道你是否听懂了呢？在倾听对方说话的同时，别提太多的问题。问题提得太多，容易致使对方思维混乱，难以集中精力。

第五，让自己的表情与对方同步。让你的表情和对方的神情与谈话内容一致。如果对方说出的是幽默笑话，而你却一脸愁苦，别人势必认为你在想自己的心事。如果对方讲到紧张处的时候，你能屏声静气，那无疑会让对方产生一种成就感。

第六，用眼睛去认真地听。倾听别人谈话时，你不能只是被动地接受。除了用言语表达你的意见，你还需要用肢体语言反馈你的信息。眼睛也能倾听。注视着对方，表示对他的话感兴趣。若是东张西望、心不在焉的样子，或者一会儿看看手表，一会儿看看手机，这就是在告诉别人你很无聊，不想再继续听下去了。

耳听八方，能让我们跟上时代的步伐；广纳群言，能让我们保持清醒的头脑；谦虚谨慎，能让我们增长知识。而要做到这些，前提是要学会倾听。能够倾听别人说话，表示敞开了自己的心扉。只有坦诚地接受对方，宽容对方，才能让彼此的心灵融通，建立起良好的人际关系。

4. 领略求教的妙处

在处理同事关系的过程中，如果想迅速地拉近彼此之间的距离，那就要遵循一个重要法则：多向对方请教。每个人都有"好为人师"的心理，他们希望别人因为某些解决不了的事情而向自己请教，渴望对某方面不如自己的人指导一二，好像只有这样才能显出自己的重要性。

刘菲菲是一个年轻干练、活泼开朗的女孩。入行没几年，职位就呈直线似的往上升，很快成为公司里的主力干将。几天前，公司空降了一位副总，上任伊始，刘菲菲就被叫过去了："小刘，你经验丰富，能力又强，这里有个新项目，你就多费心盯一盯吧！"

受到副总的重用，刘菲菲备受鼓舞。恰好这天要去某周边城市谈判，刘菲菲一合计，一行好几个人，坐公交车吧，怕不方便，人也受累，谈判效果可能会受到影响；打车吧，一辆坐不下，两辆费用又太高；还是包一辆车好，经济又实惠。

主意定了，刘菲菲并没有直接去办理。几年的职场生涯让她懂得，遇事多跟公司领导沟通是非常有必要的。于是，刘菲菲来到副总办公室。

"夏总，您看，我们今天要出去，"刘菲菲把几种方案的利弊解说了一番，然后说，"所以呢，我决定包一辆车去！"汇报完毕，刘菲菲发现副总的脸不知道什么时候黑了下来。他语气生硬地说："是吗？可是我认为这个方案不太好，你们还是买票坐长途车去吧！"

听完之后，刘菲菲怔住了，她怎么也没想到，一个如此合情合理的方案居然没通过！按理说，自己也是部门主管，完全可以自己拿主意的。"没道理呀，傻瓜都能看出来我的方案是最佳的！"刘菲菲对领导的这种决定感到十分困惑。

其实，刘菲菲凡事多跟领导沟通的意识是难能可贵的。她的方案之所以会被副总否掉，就是因为她说话时犯了忌讳。刘菲菲说的是："我决定包一辆车！"在同事面前，尤其是职位比你高的同事面前，说"我决定如何如何"是最犯忌讳的。试想一下，你都决定了，还让人家谈什么啊？谁内心都有渴望被请教的心理，都希望别人把自己看得很重要。

假如刘菲菲能这样说："夏总，现在我们有三个选择，各有利弊。我个人认为包车比较可行，但我还是想听听您的建议，您经验丰富，帮我拿个主意，行吗？"副总听到这样的话，肯定会做个顺水人情。

每个职场人都希望被同事请教，也就是说，要想在交往中让同事喜欢你，你就要多向对方请教一些问题。千万不要担心自己的问题没有深度，因为只要你虚心地向别人请教了，对方是很乐意为你解答的。

李浩在一家公司的市场营销部工作，最近他感觉到工作很不顺畅，为什么呢？因为公司连着四个月的业绩评比中，李浩都在女同事萧萧之下，屈居第二，他很不服气，自己工作比萧萧更卖力，资历也比她老，怎么可能落在她后面呢？

萧萧这个进公司不到三年的小妮子，所掌握的客户资源竟然比他这个元老的多一倍。原因在哪里呢？于是，李浩想方设法进入萧萧的电脑系统，查看到她的客户分布，冒险去挖她的客源。萧萧知道此事后非常恼火，当面指责李浩"恶性竞争""挖别人的墙脚"，并对他提出严重警告：再这样下去，就别怪我不顾你这位老前辈的面子，把真相告诉领导。因此俩人的关系闹得很僵。

想了几天，李浩终于想明白了：现在的"新新人类"还是性格直爽，只要我放得下老前辈的架子不耻下问，她一定会尽释前嫌，并把盘活客户资源的技巧告诉我。

李浩特意邀请萧萧去健身，并诚恳地请教一些问题。这次倒是萧萧不好意思了，她说："以前我对你的态度有些过分，请多谅解。"并讲了一些自己做营销的心得："其实也没什么，只不过是我看书多、上网多、领悟快、进步大一些罢了。做营销，发展新客户是一条路，而盘活老客户更重要。如果老客户感觉到你的诚信和友善、你的信誉和热情，他可能就会把他的亲朋好友介绍给你，成为你的新客户。我特别准备了一个笔记本，记录客户的特殊情况，以便在细微处做文章。比如出差时顺便看望客户刚刚考入该地大学的孩子，比如在特殊的日子里，替当日有重要会议的人送一束鲜花给他的家人……我从不认为这是工作以外的琐事，相反，干这些工作就要有'功夫在诗外'的精神。我为每位老客户都设立了生日档案，他们过生日，我会亲自做一张精致的贺卡，并配上小礼物邮寄给他们。很多客户收到时都深受感动，特地打电话表示感谢……"

李浩听了这些恍然大悟，原来如此。在以后的工作中，他也用起了这几招，果然业绩迅速攀升。更为可喜的是，他与萧萧的关系更团结，合作起来也更愉快了。

　　这就是求教于人的好处，不仅能让你在迷途中找到方向更快地前进，还能改善与同事的人际关系，工作起来更加舒心快乐。在现代职场中，同事中的良师益友是工作中不可或缺的"必需品"。良师益友也许并不能帮你避免在做好工作、成就事业的过程中所必须付出的代价，但他却可以指引你走过这条路。

5. 以谦卑赢得同事的信任

麦金利总统是一个很谦卑的人，很多领导者都不能像麦金利那样可以巧妙地赢得同僚的友谊与合作。他的这种谦卑，让他更亲民，拉近了与其他人之间的距离，更容易赢得别人的好感。

钱瑟里·迪皮尤曾这样评价他："他有一个策略，他会邀请你去参加一个私人聚会，让你感觉到聚会的秘密性，感觉到他对你的言论的信任，这种方法最能达到目的了。"

普莱思也讲过一个关于麦金利总统的故事。

几年前，西班牙战争快要爆发的时候，在华盛顿的宾夕法尼亚街上，我曾遇见过一位刚从白宫出来的著名的国会议员。他踏着大步，帽子微向左斜，面露微笑，非常兴奋地挥着手杖。

我说："法官大人，今天你似乎特别高兴啊！"

他用手臂勾着我的肩膀，对我说："是的，我的朋友。刚才，我在白宫里见到了总统。他说：'老兄，在所有人中，你是我最信赖的人，这次全靠你帮忙去打胜仗了。'以前，我在很多事情上都不同意他的做法，可现在，我非常支持他。他还得拜托我帮忙呢！"

跟他聊了几句后，我们就分手了。我心里由衷地佩服麦金利总统结交朋友的本领，我知道，这跟麦金利总统拜托很多其他人帮忙是一样的，取得的效果都很好。在大家的共同努力下，麦金利总统获得了胜利。

其实，我们在职场中也是如此，要想让同事尽心尽力配合自己的工作，就必须在言行上让对方觉得，你值得让他出手相助。

年终岁末，某数码产品公司市场部要在全国范围的产品展销会上组织一次大规模的产品促销活动。由于人手不够，市场部经理张强急需临时招聘一些促销人员。于是他让助手打了一份申请，报到人力资源部主管老陈那里，并在电话里跟老陈说："很急！尽快安排。"

本来老陈平时就看张强不顺眼，这次见他又是这种态度，老陈心想："你小子平时见了我连招呼都不打，现在又这副德行，当我是你的手下呢？你不是急吗？好，我就来个急情缓办，叫你哑巴吃黄连！"

结果，老陈憋着一肚子气，完全按照常规招聘流程走了一遍。填表、笔试、面试、岗前培训……等到这十位促销人员完全到位时，展销会已经接近尾声了。

故事里的老陈坏是坏了点儿，但是张强本人也负有一定的责任。如果张强的嘴巴甜一些，平常的态度恭敬一点，可能这个故事就会有另外一个结局。

按理说，老陈作为人力资源部主管，理所应当按照张强的要求为市场部招聘到促销人员。这是老陈的本职工作，做到了是他的职责，做不好是他的失职。正因为如此，老陈把人招到了，就算尽了本分了，没人能挑出他的错来。张强急不急是他自己的事儿，老陈为什么一定就得按照他的吩咐办呢？

其实，上面的这些想法，说到底都不外乎一个"利"字。人在职场，"利"字当先。平级部门之间，没有了权力的挟制，当然就只能用利益来吸引对方了。认识到这一点，部门主管在请人帮忙的时候，要想让对方尽心尽力帮你做事，就必须在言行上让对方觉得，你值得让他出手相助。

如果张强换个方式跟老陈说，效果是不是会更好一些呢？

"老陈，帮个忙，这事儿挺急，促销人员两天之内就得到位。错过了时机，你我就都白忙活了。在这儿，我也征求一下你的意见，如果你同意，这个活动算咱们两个部门一起合办的。我有把握，这个活动做下来肯定会出成绩。这样一来，你的部门年终考核可又多一项业绩了，你觉得这想法怎么样？"听了这话，相信老陈不会拒绝张强的要求。

在部门间的沟通中最好能做到：平时多主动联络，关键时刻讲技巧、有弹性，处理问题本着平等、互惠、顾大局的原则。做到这些的话，相信在工作当中，你一定会为自己赢得更多的帮手和同盟，而不是你一唱戏就有人拆台。

6. 光能干不行，还要会说

　　说话是一种能力，甚至比做事的能力更重要。在职场上，很多年
轻人都喜欢被称为实干家，领导说这是位踏实肯干的员工，你就心中窃
喜。年终评选先进，你被评为最敬业员工，你就高兴得彻夜难眠。并不
是说务实不好，每个企业都需要这样的员工。但是，假如你想有更好的
发展，把工作变成一份事业，只知道做是远远不够的。

　　职场发展，做和说是一对"焦不离孟，孟不离焦"的兄弟。你做得
再好，不能讲明白说清楚，也很难得到晋升的机会。当然，你光说得漂
亮，没有做出成绩，也是没机会赶上提拔的航班的。只有把事做到，再
把事说清，在完成工作的基础上，还能总结经验分享成功，你才能从平
凡走向优秀。

　　王哲磊升职后，李春华接替了他的职位。由于经验不足，李春华很快
就遇到了业绩下滑的难题。这天，她捧着营销方案站在王哲磊的办公室外
面，两只脚来回摩擦着，半天也没走进去。她不知道自己该不该冒这个险，
万一方案不好，耽误了部门的发展，后果很难想象，还不如埋头干事呢。

　　李春华转身想走，可又停了下来。她想：不管怎样，测试效果都已经

出来了，我该为集体的荣誉出把力。这方案虽然简单了点，我也没有真正写过方案，可毕竟是我自己的思路，应该拿出来和领导沟通啊。王哲磊正要出去办事，开门看见迟疑的李春华，笑着问："春华，站这儿干吗呢？有事就进来，我又不吃人。"

见王哲磊出来，李春华着实吓了一跳，吭哧两声道："我，我找您有点事。"然后，慢腾腾地把方案摆在王哲磊面前，王哲磊打开方案一页一页仔细地看着。他真没想到，自己本打算借鉴的营销方式，这个小女生已经写出方案来了。尽管内容上有点单薄，思路上不是很完整，流程也有待商榷，但的确是个好方案。

不等王哲磊看完，李春华说话了："领导，我觉得市场并没有坏到没有销路的地步，我知道我的这个方案有不成熟的地方，但我们可以尝试，也可以让市场部看看，就当抛砖引玉吧。"

王哲磊放下方案，看着李春华严肃地说："太棒了，你有想法，还善于运用，这是好事！我们就需要这样的创新思路，才可能突破，才可能发展。"

听到认可的声音，李春华心里平静下来。王哲磊继续说："方案的确很稚嫩，需要补充一些具体行动进程，不过已经很好了。假如能再深入测试一下，我看会更有说服力。"

"领导，要是您相信我，就让我在小组里进一步测试，我想方案还有许多地方不健全，如果能有领导的指导，会更具有可行性。"

后来，方案进行了一系列的调整，给公司带来了可观的收益，李春华也坐稳了自己的位置，并且受到了领导层的重视。

获得机会并不是一朝一夕的事，需要一个共事、合作、维系、默契、认同的过程。在工作中努力让领导相信我们的能力，让他们在机会出现时首先想到我们，这不是你只要在领导面前出现，或者经常喋喋不休就可以实现的。说的话一定要跟工作相关，而且要说到点子上，下面是几个具体的建议：

第一，敢于说出自己的想法。不要因为怕被笑话就不敢张嘴，也不要因为自己级别低就放弃说话的机会。当有机会开口说时，你首先要做的就是敢于站出来，勇于说出自己的想法，把理由和思路说清楚。这个说，不仅仅是明白了才说，有疑问你也可以说，有不同意见你也要说。只要把握住说的时点，明确说的主题，你就可以在表达中获得别人的认可。

第二，拿着砖头一样可以去敲门。想抓住机会，最好的办法也就是最拙的办法。拿出你的勇气，大胆说出幼稚的思路，敢于正视自己的缺陷不足，敢于主动让别人挑剔批评。这样，别人才会看到你的努力，才会认可你的付出，才清楚你的成长轨迹。获得机会并不难，关键在于你有没有胆量和勇气，把自己呈现于人。不要害怕自己手中只有砖头，它一样能敲开领导的大门。

第三，方案要有例、有据。在理清思路提出方案的时候，最好不要使用"我觉得""我以为""我想"这一类不确定的字眼。当然，在尚未实践之前，我们的思路并不能保证百分之百准确，但一定要做到举案必有例，说法必有据。

职场不同于游乐场，讨论方案、阐述思路不能异想天开，告诉对方给自己300万，我能干出一年50万的纯利润。这样的方案，这样的毛遂自荐，注定不会被采纳。但是，在有数据支撑、有理论证明的情况下，就算我们的方案稚拙，我们的计划粗浅，领导也会认真考虑的。信任源于交流，你不把自己的想法说出来，没有足够的理论依据，是不可能得到别人信任的。

第四，给自己找一个说的理由。所有的不自信都是因为你觉得自己的思路不够好，害怕领导不采用。换个角度想，你为公司绞尽脑汁，尽自己最大努力来创新，是否已经做到最好了呢？假如一个微小的点子，给公司带来了丰厚的回报，是不是帮了公司一个大忙呢？

记得日本公司的一位员工，只是说了一句"把牙膏的口开大一毫米"，就给公司创造了惊人的效益，拯救公司于危难。假如，当时那个员工只是心里想，而没有大声说出来，结果会怎样呢？他说："我也不敢说，但我给了自己一个理由——公司危难人人有责。"

7. 时刻不忘说"谢谢"

受人恩惠，就算只有点滴，也应表达感激之情，这是做人的基本原则。在职场上，这个道理同样适用。无论事情大小，也不管对方是谁，只要对方给予了我们支持或帮助，我们就应该主动表达自己的谢意和感激，这不仅会让我们在职场人群中更具亲和力，还会让我们的未来更光明。

梅梅刚毕业就被一家大企业录用了，而且还被分配到企业中最重要的部门——设计部。不久，公司准备竞投一个大项目，设计方面就由梅梅所在的部门负责。部门经理召开会议，向大家征集设计方案。梅梅为了做出成绩，每天都加班到很晚，往往是人家都下班了，她还在那里工作；人家都睡觉了，她还在为一个图形绞尽脑汁。终于功夫不负有心人，梅梅的设计方案脱颖而出，成为公司竞标的压轴作。

后来经过激烈的竞标，梅梅的设计方案果然为公司拿下了这个项目。公司的负责人很高兴，要求梅梅所在的设计部经理给梅梅嘉奖。

经理把梅梅叫到办公室，把公司给的奖金放到梅梅的面前说："这次你确实为公司立了大功，这些是公司奖励给你的。"

梅梅微笑地看着经理说："如果没有经理力挺我的设计，我也不会这么容易就得到这些荣誉的。还有，在我做这个设计的时候，有很多的同事都给了我帮助，我还没有感谢他们。所以要说功劳，那是大家的功劳，我怎么能一个人拿这笔钱呢。没有大家的帮助，我不可能有这么漂亮的成绩，这份荣誉应该属于我们整个部门。"

经理看着梅梅，觉得年轻人有这样的度量和气魄非常了不起，不但把自己的成绩与大家一起分享，连奖金也要平分给大家。梅梅的形象在经理的心里获得了很高的分数。

在公司的表彰大会上，经理把梅梅的想法说给了部门其他同事听，很多同事对梅梅的印象本来就不错，她这样一让，更让很多同事的心里都暖暖的。让她发言的时候，梅梅说："没有你们，我怎么能如此优秀呢？"从那以后，梅梅的人气越来越高，职位也越来越高。

感激也是沟通的一种方式，懂得感恩，知道表达谢意的人，才能成为沟通的高手。在职场上，不管是跟同事相处，还是商场搏杀，只有在沟通上做到积极主动无障碍的人，才能够走得更远。

在得到同事的帮助、支持、鼓励之后，我们怎样表达谢意才更恰当、更适合呢？这就为你支着。

第一，不要吝啬"谢谢你"。感谢别人不一定要送礼，更不需要没完没了地说恭维话，最好的感谢莫过于当面致谢。当然，感谢并不是你张嘴千恩万谢、闭嘴感激不尽就是表达谢意。真正的感谢，必须要掌握好尺度，通过简短的言语，充分表达出你知晓对方的善意，接受对方的好意就足够了。如"真的太感谢了，我正忙不过来，你就伸手帮忙了"或是"麻烦你了，谢谢"，就可以简单明了地直接表达出你的真诚谢意。

不要小看这个"谢"字，它可以拉近人跟人之间的距离，也能让对方知道你对他的帮助充满感激。这样，在以后的日子里，对方不会吝啬再给你帮助。因此，不要觉得事小，该说"谢谢"就要说。

第二，没结果也要致谢。假如是对方提供了帮助，但并没有达到最终效果，是否就可以不用表达感激了？其实不然。任何一次帮助并不一定成功了才要感谢，在没有达成的情况下，这种感谢才显得更为珍贵。

尤其是在别人普遍不信任，或是不接受的情况下，他还能给予你支持，务必要深刻地表达出你的谢意。如"在我最艰难的时候，是你给予了我信任""我知道是自己的能力不足，而你的信任让我对未来有了信心"，这一类对于帮助满怀感激，对于结果并不在意的表达方式，既不会触碰到对方帮助失败的失落，又能深切表达自己的感激之情。这样的沟通除了感谢之外，还为长远的发展留下精彩的一笔。

第三，致谢不仅要说"谢谢"。受人恩惠就要表达谢意，我们可以在对方时间比较宽裕的时候，到对方的办公室面谈，说出自己的谢意；也可以邀对方到茶馆、咖啡厅小坐，表达感激之情。此类感激的沟通往往会采用就事论事的感激，如感激对方对我们能力的信任，说明自己在对方的帮助下获得机会，是怎样的感受；也可以就对方帮助的内容，谈谈自己以后做事的态度，表明自己不仅清楚对方的好意，还会通过实际行动来回报对方的帮助。这样的表达，比简单的"谢谢给我一个机会"更有意义，也会让对方明白，自己确实帮对了人。

第二章

不懂汇报工作就不要拼职场

　　在职场中，要会办事，更要会说事，汇报工作就是说事的关键。仔细观察一下，你就不难发现，那些被提拔、获得升迁机会的同事，都有一个共同的特点：他们很善于向领导汇报自己的工作。不会汇报的，就常常不受重视。由此可见，汇报工作是一门纵横职场不可缺少的艺术。

1. 领导需要你的亲近

在办公室里，我们经常听到一些同事埋怨机会不等、命运不公，总是感慨碰不到表现自己的机会。每当看到别人的成功，他们都会自行总结为别人运气好。实际上，从长远来看，机会对所有人都是平等的，关键在于你能否善于创造和抓住机会。一个员工，只有主动跟领导面对面地接触，才能让领导认可他的工作能力，才有机会得到领导的重用。

想在职场上取得成功，就不能将自己放在为打工而打工的位置上，唯恐跟领导接触多了就会增加工作量。你应该主动和领导进行沟通，不要放弃任何一个对话的机会和可以在领导面前表现自我的细节之处，比如会餐、出差等。通过主动跟领导面对面地接触，下属可以将最真实的自己展现在领导面前，让领导充分了解自己的才能，并得到提拔。

人与人之间的好感往往是在实际接触和语言沟通的过程中建立起来的。下属多跟领导对话交流，一方面能促进领导对下属的了解，另一方面也能让领导感受到下属对他的尊重。一旦有好机会来临，领导首先想到的自然是有所了解的那个下属。

张跃供职于一家广告公司，公司百多号人里有不少资深人士，可以说人才济济，他在单位并没有特殊的优势。但是，张跃在工作上很踏实，不仅能像其他同事那样将领导交代的任务保质保量地及时完成，还喜欢琢磨本职工作之外的事儿。因此，经常是下班后同事离开了，他还在办公室里忙忙碌碌。

一天，领导下班经过他的门口时，发现他还在，便过来打了一个招呼，张跃便跟领导聊了起来。后来，话题转到工作上，张跃谈到了广告策划、内容制作以及经营等方面的一些想法，其中也包括对当前广告策划工作的建议。

就这样，张跃引起了领导的关注。从那以后，领导经常主动找他聊公司发展、行业前景之类的话题。领导觉得，尽管下属中不乏人才，可在完成自己的工作之余，还能如此关心公司发展的人却很少见。渐渐地，领导对张跃开始另眼相看，觉得他有能力担任自己的得力助手。于是，他提拔张跃做了自己的助理。

张跃的晋升原因在于：他并不是被动地完成领导交给的任务，而是在工作中跟领导更多地沟通，让领导了解自己不仅能做好本职工作，还有能力接受更多、更重要的工作，拥有作为领导助手的潜质。要想得到领导的赏识，做领导的"自己人"，平时一定要多跟领导对话交流。

懂得主动跟领导对话的下属，总能找到更多的机会跟领导沟通，在更快、更好地领会领导的意图的同时，他们还会将自己的好主意、好建议潜移默化地变成领导的新思想，并努力把工作做得近乎完美。所以，这类人往往深得领导的欢心。

阿尔伯特是美国金融界的杰出代表。刚进金融界的时候，他的一些同学已经在这一行业担任高职，也就是说他们已经成为领导的心腹。

他们传授给阿尔伯特的一个最重要的秘诀，那就是"千万要肯跟领导讲话"。之所以这么说，是因为许多员工都对领导有莫名的生疏感和恐惧感。他们见了领导通常噤若寒蝉，一举一动都显得极不自然。即便是职责上的述职，他们也是能免则免，要么拜托同事代为转达，要么用书写形式报告，以免被领导当面责难而陷入难堪。长此以往，员工跟领导的隔膜必然会愈来愈深。

当然，仅有想在领导面前好好表现的想法是远远不够的，还要善于寻找接触领导的渠道，懂得积极地去创造机会，做个有心人。比如去打听领导的上下班时间，算好他大约在哪个时间进电梯，然后也在同一时间去坐电梯，这样就有可能偶遇领导，可以有机会跟领导打个招呼，闲聊几句，顺便进行一下自我推销。

2. 让领导心中有数

对很多领导来说，他们判断下属是否尊重自己的一个重要因素，就是下属是否经常主动向自己请示汇报工作。及时地向领导汇报工作的进展情况或工作上遇到的问题，就会减少很多失误和避免不必要的麻烦。要是能长期坚持的话，我们就会逐渐得到领导的信任，领导也会放心地把更重要的任务分配给我们。

如果是心胸宽广的领导，见下属很少向自己汇报工作，也许不会太计较，甚至会体贴地认为是下属工作太忙；也许还会认为本来就是下属职责内的事，没有汇报的必要。但对于疑心较重的领导来说，假如遇到这种情况，就会做出各种猜测：下属最近可能一直在偷懒，所以没有完成工作；下属根本就没把我这个领导放在眼里等。不管是哪一种领导，下属都应该勤于汇报工作，因为领导不可能时时关注你，对你所做的事情也不一定全盘清楚。

经常请示汇报工作，能让领导知道我们干了什么、效果如何，这样还可以体现出我们对领导的尊重，对工作的责任心。而且，在做事的过程中，不断地向领导汇报工作的进展情况，还可以及时得到领导的指点，避免出现不必要的差错。这样，在领导的眼里，我们便是一个有头脑、有思想的人。

汇报工作还有一个好处，那就是领导能掌握项目的最新状态，一旦遇到困难和麻烦，领导就可以在人力、物力上给予支持，比下属独自闷着头做事要强上千百倍。值得注意的是，向领导汇报工作一定要实事求是，切忌添油加醋。

在此提醒广大职场人，如果想让领导相信自己，并接受自己的建议，那就要掌握一些汇报工作的说话技巧。

第一，有重点，有中心。泛泛而谈，毫无重点的汇报会给人肤浅的感觉。一般来说，汇报者可把自己主管的或较为熟悉的某项工作作为突破口，抓住工作过程和典型事例加以分析、总结，以便让领导在短时间内了解自己做出的成绩。

第二，以线带面，有张有弛。汇报工作不可"眉毛胡子一把抓"，要讲究一定的逻辑层次。通常，汇报要围绕一条线，也就是本单位工作的整体思路和中心工作；展开一个面，也就是依次叙述相关工作的措施、关键环节、遇到的问题、处理结果、收到的成效等内容。

第三，弥补缺憾，多方展示。在向领导汇报工作的过程中，免不了会出现一些失误，比如，对个别情况把握不准或漏掉部分内容、归纳总结不够全面等。要想最大限度挽救失误，可采取给领导提供一些背景资料、组织参观活动、利用其他接触机会跟领导交流的方法，对汇报进行补充和修正，以保证其更加周密和圆满。

第四，调整状态，营造氛围。向领导汇报工作之前，要先营造出有利于汇报的氛围，比如先就一些轻松的话题做简单的交谈。这不仅仅是必要的礼节，而且还是调整状态的最后机会，下属可以利用这个时间稳定情绪，理清汇报的大脉络，打好腹稿。

3. 发表意见前请教领导

工作的时候，需要发言，但不能胡乱发言。有的人很喜欢发表自己的看法，遇到什么事情，总要评论几句；有的人特别喜欢辩论，甚至跟领导发生激烈争执。总而言之，心里总觉得自己的看法很高明。

毫无疑问，拥有独立见解没有错，每个人都应有自己的独立见解，但拥有独立的见解是一回事，如何表达独立的见解则是另一回事。

一个拥有独立见解的人，往往也善于观察和思考。当你有了独特看法时，先不要急着说出来，而应该先想一想，要不要说出来？又该怎么说出来？

发表见解，应该看场合、分对象，还要注意方式方法。比如，是公开发表，还是私下讲述？这需要特别注意。

一些事情可以在私底下好好沟通，但如果你偏偏要在正式的会议上说出来，则会带来不好的后果。比如，开会的时候发表意见直接反对领导的看法，这就非常不好。为什么呢？

因为领导的看法代表公司的决策方向，是经过高层讨论的结果，在会议上提出来，往往就是布置任务，让下属领悟和贯彻执行。

即便不是布置任务，也往往是能够确定的工作大方向，会上提出是为了让下属各抒己见，以达成完善行动方案的目的。

这个时候，如果你贸然地提出反对意见，那么结果可想而知。因此，即便你拥有很好的主张，也不要随便发表，更不要以为自己掌握了真知灼见。

很多时候，一个公司，一个团队，需要异见，只是为了开拓思路。但进入实际操作层面，一个普通员工的异见，通常不会被接受，除非你所提的是具有可操作性的建设性意见。

因此，要少说主张，多谈办法。这是一个很好的发言方式。采取解决问题的思路，参与公司的讨论，这样会让领导对你刮目相看。

但在讲述方法的时候，你要注意思考两点：第一，办法本身是否合理；第二，办法是否符合领导的心意。符合这两点，你的发言才会有效。否则，还是会让人不满。

第一点考验的是个人解决问题和思考的能力，这需要磨炼，短时间内是无法提升的。

第二点则是可以通过一些方法来了解领导的心意。具体有哪些方法呢？

首先，学会请教老同事，从他们那里直接获取经验。这并不难，只要你执后辈之礼，他们自然会告诉你的。

其次，向你的领导提供两种以上的解决方法。这样做，是有好处的。好处就是领导知道你的办法不止一种，他可能会对你产生比较好的印象。

当然，很多时候，你不能直接讲你的方法，而应该先请示领导："这件事应该怎么处理？"等他反问你："如果是你处理，你要如何做呢？"

这个时候，你可以说："经理，我想了两个方案，只是不知道是不是妥当？"然后将你的方案说出来。

特别要注意，不管你的方案有多好，最后下判断的那个人还是领导，下属还是得服从领导的决定。

所以，发表你的看法时，尽量用谦虚低调的方式去说，比如，"我想了两个办法……希望得到您的指导。"

即便你的方案没有被采纳，也不要气馁。很多时候，并不是你的方案不好，而只是你的方案和公司、领导的决定有出入。

在工作场合，你应该慢慢地用心去体会领导的思考倾向，久而久之，自然能探知领导的想法。下次再碰到同样的问题时，你也能在会议上提出更为周到的方案。

还有一点要记住，尽量不要在自己没有办法的时候去请示领导，免得在被领导反问的情况下，不知所措、无言以对。

因此，在提出你的方案之前，收集尽可能多的正确情报，然后整理、分析，这样才能获得领导的认可。

有的时候，你精心想出来的应对策略可能被领导一口回绝，这时千万不要因自己提的方案被驳回，就依赖领导的决策，自己不动脑筋。

记住，无论如何，都要有自己的方案，哪怕你的方案不能说出来。将自己的想法整理一下，再跟领导的比较看看，这会提升你的思维水平。

总的来说，有想法，有方案，这是好事，但不能任性地认为只有自己的想法才是对的，自己的方案才是可行的，多请教别人，多参考别人的意见，才会帮助你进步。

4. 汇报时要说到点子上

有的职场人一见了领导就紧张，大脑一片空白，满肚子的业务情况都讲不顺溜，结果说得前言不搭后语，让领导根本找不到重点。你说，这种人怎么可能得到领导的认可呢？

在向领导汇报工作时，千万不能随心所欲，想说什么就说什么，一定要讲究方式方法，直接说到点子上。

某市建材公司的马建从一个客户那里考察回来后，敲响了经理办公室的门。

"情况怎样？"经理劈头问道。

马建坐定后，并不急于回答经理的问话，显得有些心事重重的样子。因为他十分了解经理的脾气，如果直接将不利的情况汇报给他，经理肯定会不高兴，搞不好还会认为自己工作不力。经理见马建的样子，已经猜出了肯定是对公司不利的情况，于是改用了另一种方式问道："情况糟到什么程度，有没有挽救的可能？"

"有！"这回马建回答得十分干脆。

"那谈谈你的看法吧！"经理说。

马建这才把他考察到的情况汇报给经理："我这次了解到，客户之所以不用我们厂的产品，主要是因为他们已经答应从另一个乡镇建材厂进货。"

"竟有这样的事！那你怎么看呢？"

"我是这样想的。我们公司的产品应该比乡镇企业的产品有优势，我们的产品不但质量好而且价格还很公道，在该省已经具有一定的知名度。"

"就是，一个小小的乡镇企业怎么能和我们相比呢？"经理打断了马建的汇报。

"所以说，我们肯定能变不利为有利。最重要的是，当地的建筑公司多年来一直使用我们公司的建材，我们有很好的合作基础，这是我们的优势所在。但该客户答应向那个乡镇企业订货，主要是因为那个乡镇企业距离他们较近，而且可以送货上门。这一点，我们不如那家乡镇企业，但我们可以直接到每个乡镇去走访，在每个乡镇找一个代理商，这样问题就解决了。"

"小马，你想得真周到，不但找到了症结所在，还想出了解决的办法，要是公司里的员工都像你这样有责任心就好了。"

"经理过奖了，为公司分忧是我的责任。经理您工作忙，我就不打扰您了。"不久，马建被晋升为销售科副经理，公司的建材销量也节节攀升，马建也越来越受重视，很快成了公司的副总经理。

汇报工作的关键就是把话说到点子上。说领导不想听到的话自然没有好果子吃，当然，一味说大话也是行不通的，让领导看到你的实力才是最根本的。向领导汇报工作的时候，一定要注意以下四点：

第一，在汇报之前，先动手拟定汇报的主要内容，不能太简单，也不能太啰唆，明确列出关键点。任何一个领导都不会喜欢啰唆而又业绩平平的下属。

第二，在汇报的时候，要保持一种谦虚谨慎、不骄不躁的形象和风格。

第三，在对话的过程中，要表现得不卑不亢，尽量用平缓的语气说话，避免慷慨激昂。

第四，要选准汇报工作的时机，不要选择领导比较忙的时候汇报工作，因为那时他几乎没有什么耐心去听你的汇报，而且还会认为你这个人很讨厌，不会选时候。也不要在领导心情不好的时候去汇报工作，除非你对做"出气筒"很有兴趣。

5. 适当地表现自己

汇报工作，当然主要是让领导了解工作进度，而次要的目的就是让领导看到我们的工作表现。在现代社会，不注意表现自己的人，通常很难得到领导的赏识。但表现也不能太过，一定要注意分寸，到位而不越位。谈自己本职工作就可以，不要对其他人、其他部门的工作发表意见。

其实不只是汇报工作不能太过，平时在工作场合说话也不能越位。如今职场中流行着这样一句话："领导天天干基层，员工天天谈战略。"这句话，有一点极端，但是非常有代表性。所谓"员工天天谈战略"，是指员工整天在考虑部门工作应该怎么规划，公司前景如何规划，我们的产品在技术方面怎么提高，我们的战略应该如何调整。员工考虑这些问题并没有什么不妥，只是必须设置一个前提：先将自己的本职工作做好。

在职场中，每个人都会有公司分配给自己的一个职位，单位对于组织层次的划分是很明确的，不同的人处于不同的组织层次，相对应的职能也有所区别。对于自己所处的这个角色，最重要的就是明确自己的职能和所需技能，对自己有一个清晰的认识。这就要求每一位职场人兢兢业业地守好、做好自己这个位置所应做的事情。这就是职责上的到位。

然而，有些职场人总是激情四射，喜欢做些越位的事情，涉足本不属于自己职责范围的事。当然，这个问题应该一分为二地看，但越领导的位，一般情况下不会有什么好果子吃。

身为员工，用四个字来概括个人定位就是：贯彻执行。贯彻领导的思想，执行领导的决策，然后在贯彻执行的过程中接受领导的考核。也就是说，不管你跟领导的关系多么亲密，不管你的看法多么正确，也不可以表现得太过，逾越上下级之间的界线。

一次，销售经理蒋鹏飞带徐志出差谈生意，因为客户代表赵建彬是徐志的大学同学，蒋经理希望徐志能以这层关系为突破口，搞好公关。

徐志确实很快就和老同学热乎起来，不仅给他详细地介绍了公司的产品，还天南海北地聊起来。然而，在谈到一些合同细节时，徐志完全没有征询蒋经理的意见，最后，竟然自己拍了板，商定了合同，这让坐在一旁的蒋经理很尴尬。

用餐时，徐志又自作主张点了满满一桌菜，和赵建彬继续神聊，把蒋经理撂在一边。看到满桌的菜肴剩下大半，餐费大大超过预算，蒋经理心里更加不满意。回公司的路上，徐志得意地问蒋经理："蒋经理，我这次表现还可以吧？"

蒋经理冷冷道："嗯，不错，给我留下了深刻的印象！"令徐志意想不到的是，从此以后，他再也没有了表现的机会，彻底被蒋经理给忽视掉了。

尽管在这次谈判中，徐志起到了重要的作用，然而，他却忘了职场上的规矩。凡事都自作主张，根本无视领导的存在，这样做，如何能得到领导的信任呢?

因此,在与领导共事的过程中,大到与客户谈判、日程安排,小到出去买水、确定住宿标准,都应该明确自己的职责,先征求领导的意见,以免出现不合时宜的言行。下属可以当"参谋",提建议,说明缘由,但不能行使最终的决定权,因为那是领导的。

一个单位就像一部复杂而精密的机器,每一个部件都在固定的位置发挥着不同的作用,以确保整部机器的正常运转。身为员工,首先要对自己的职务、职权和职责负责,在任何情况下,都致力于做好自己的本职工作,到位而不越位。

到位而不越位的核心就是"度"的问题。个别员工长期在领导身边工作,深得领导的倚重,就产生错觉,以为深受信任就不在意上下级之间的界线,从而不自觉地站在领导的位置上,替领导拿主意。尽管你的出发点是好的,是为领导分忧,也是为了维护公司的利益,但就算你做对了,领导心里也不会舒服,因为他才是应该做决定的人。跟领导相处,你是他的下属,自然有义务尽己所能助他一臂之力,但是,请不要忘记自己的身份,更不要忘记"过犹不及"。

在职场沟通中,"到位"和"越位"有时是不好区分的,度也很难拿捏,但也并不是无章可循,在此给大家总结了三条原则:

第一,明确工作权限。一个萝卜一个坑,每个人都有自己的岗位,伴之以明确的责任划分。只有弄清楚自己日常扮演的角色,应当履行的职责,应当遵守的行为规范,你才有可能做到尽职尽责,到位而不越位。

第二,明确"分内"和"分外"。在其位要谋其政,分内的事情要刻苦努力,力争做到位、做好;分外的事情当然也不能全部无视,而应在做好分内之事的基础上，适当予以关注。更重要的是，要学会思考分析，对于分外的事情，无关宏旨的，可以做做；至于不属于你做的重大决策，你还是多学习、多请教为好。

第三，不要过度积极。虽然在工作上应该积极主动的自我表现，但凡事都要有个度，如果积极过度，就很容易造成工作越位。比如，必须由领导亲自委派你干的某项工作，一般情况下不要提前主动干预，以免领导认为你插手太多，有越位之嫌。而不属于自己职责范围内的事，则应小心谨慎，尽量少插手、不插手。

6. 有事一定要请示

善于向领导请示工作的人往往都能取得事业上的成功。因为在向领导请示工作的过程中，能够跟领导建立良好的信任关系。得到领导的指导后，又可以快速成长，吸取经验，弥补自身的不足。这样既体现了自己对领导的尊重，也表现了自己工作的严谨、细心。所以说，一个人要想在单位做出出色的成绩，必须要学会恰到好处地向领导请示工作。

职场上，有很多不明智的员工总是不分场合、时间地向领导请示工作，结果，不仅干扰了领导正常的休息时间，而且还让领导心生厌烦。而那些聪明的员工，总是善于适时适地、恰到好处地向领导请示，征求对方的意见和看法，并将领导的意志融入正在做的事情中。如此一来，下属在主动请教领导的同时，还得到了做好工作的重要保证。

公司为部门经理和员工安排了一次旅游参观的活动。在旅游途中的一场文物展览会上，有一位部门经理发现一些文物有了破损，就询问解说员。解说员这样解释："这是由于文物保护部门缺乏足够的经费，不能够使文物保存在一种恒温状况下所致，如果有一定的制冷设备，比如空调，这些文物可能会保存得更加完善。"听了解说员的话，这位经理不禁有些感慨。此时，站在一旁的机房负责人孙波突然想到了自己好几次想要上报的工作，于是乘机对领导低语："赵经理，机房里装空调也是这个道理呀！"赵经理看了他一眼，沉思片刻，然后说："回去再打个报告上来。"

后来，赵经理果真批准了机房的要求，为他们装上了空调设备。

由此可见，身为下属在向领导请示工作的时候，要有眼色，一定要注意天时、地利、人和。下面我们就请汇报高手说说什么是"天时、地利、人和"。

第一，天时。指下属想做的事是否和当前公司的大气候一致。比如，公司正在搞增收节支，号召大家严格控制成本，而你却提出一项可做可不做的大预算。不但得不到领导的认可，反而会被认为你没有政治头脑，不看形势。所以，请示一件事情之前，务必要事先衡量一下，看是否会让领导为难。假如事情不是十分紧迫，又需要领导承担比较大的风险才能去做，那就干脆别提。

第二，地利。指下属想做的事情是否万事俱备，只待批准。在向领导请示之前，一定要周全地考虑和谋划，千万不能半生不熟，或者只有一个初步想法。有些人以为工作上多请示、多讨教是对领导的尊重，殊不知无原则地请示是对领导的最大不敬。所以，在事情没有谋划周全之前，也就是不具备实施条件的情况下，最好不要轻易请示，以免自找难堪。

第三，人和。指在请示工作时要懂得看场合、抓时机。比如，领导刚发过一通火，气还没消，你跑去请示工作，十有八九有变成炮灰的危险。还有，你还得看当时有谁跟领导在一起。假如有反对你的人在场，你还没说完呢，他就在一边拿腔作调了，那领导就极有可能被误导，或者因为有不同意见而迟疑不决。因此，什么事在会上请示，什么事在办公室请示，什么事在饭桌上请示，什么事在偶然碰到时请示，都是需要提前计划好的。

除了以上三点之外，在请示工作的基本礼仪上，也要特别注意。从表面上看，请示工作似乎很简单，但实际上也是有很多讲究的。跟领导吃饭要讲究饭桌礼仪，那么，请示工作也有不得不学的礼仪。

第一，要尊重领导。身为下属，在请示工作的时候，一定要注意应有的礼数，这个礼节性的东西绝对不可丢弃，特别是在请示工作的时候。尊重领导是最重要的前提。无论问题有多么严重，下属也切记不可太过于鲁莽冲动。

第二，要遵守时间。假如在汇报前已经做了相关的时间安排，那么一定要记得准时到达，这是最起码的礼仪要求。如果过早，则会打乱领导的安排；如果过迟，则会浪费领导的时间。要是遇到突发事件不能准时到达，一定要在第一时间向领导解释原因，并且请求推迟或者另外再定时间，并诚心道歉。

假如没有做时间安排，而是临时汇报的话，则可根据领导平日的工作来选取恰当的时间，不要一心只想着自己的工作，而不为领导着想。通常来讲，不要在领导忙得不可开交或者是个人休息时间上前请示，这样只会打扰到领导正常的工作和休息。

第三，要适时离去。在请示汇报结束后，就应该礼貌地起身并且告辞。假如这时领导还有和工作无关的事情想要和你谈，那么你就应该耐心倾听和回答。当领导表示谈话到此为止，并且示意你可以离开时，你便可以起身离开。

7. 表达异议的语言策略

作为下属，如果发现领导下达的命令里有错误的话，该怎么样向领导说明呢？有的人性格直率，结果"犯颜直谏"，导致双方的冲突。当然，耿直并没有什么错误，只是有些时候，在向领导说明自己意思的时候，不必采取很直接的态度。

有位女士工作精干且颇有建树，但是始终没有得到提拔。终于在某一天，她为这事与领导争了起来。

"在争论中，我们互不相让，气氛十分紧张，"这位女士后来回忆说，"然而这场唇枪舌剑之后不久，我就不得不离开了那家公司。"

很多时候，"犯颜直谏"不能让你得到想要的结果，反而会带来更大的损失。因此，我们应该学会更有效的沟通：没有把握取胜，就不要轻易向领导开战。不过，这并不意味应当尽量避免与领导产生分歧。

对于不甘寂寞的下属来说，至关重要的恰恰不是唯唯诺诺，而是采用恰当的方式，将自己的不同见解，告诉领导。那么，该如何向领导提出异议呢？

第一，要选择好时机。在找领导阐明自己的不同见解时，先向秘书了解一下领导当时的心情如何是很重要的。如果领导没有秘书也不要紧，只要掌握几个关键时间：当领导进入工作最后阶段时，千万别去打扰他；当他正心烦意乱而又被一大堆事务所纠缠时，离他远些；午饭之前以及度假前后，都不是找他的合适时间。

第二，心平气和了再去。如果你怒气冲冲地找领导提意见，很可能把他也给惹火了，所以你应当让自己心平气和。尽管你已经积聚了许多不满情绪，也不能一股脑儿地抖搂出来，应该就事论事地谈问题。因为在领导的眼里，一个对企业持有怀疑态度、充满成见的下属，是无论如何也无法使他重鼓干劲的。如果你在领导的眼里是这样的印象，那么你就只能另寻出路了。

第三，清楚地说明问题，尽量避免争论。争论不利于问题的解决，反而会引发不必要的冲突，影响你达成目的。当领导和下属都不清楚对方的观点时，争论往往会陷入僵局。因此，下属提出自己的见解时，必须直截了当，简明扼要，这样才能让领导一目了然。你可以把自己的不同意见清楚明了地写在纸上请领导看。这样有利于领导去思考，可以避免陷入争论。

第四，提出解决问题的建议。通常说来，你所考虑到的事情，你的领导早已考虑过了。因此，如果你不能提供一个即刻奏效的办法，至少应提出一些对解决问题有参考价值的看法。

第五，站在领导的立场上。要想与领导相处得好，重要的是你必须考虑到他的目标和压力。如果你能把自己摆在领导的位置看问题、想问题，做他的忠实合伙者，领导自然而然也会为你的利益着想，助你完成自己的目标。

第六，不要当面就让领导承认你是对的。也许你的领导是个直爽的人，错就是错，对就是对。他会很豪爽地告诉你他是错的，而你是对的。可是，大多数情况下，领导是不会这样做的。如果你对他的决策提出了异议，他可能会告诉你："你的提议很有道理，但是，我还要考虑一下。"当他这样跟你说的时候，就证明其实他已经开始接受你的意见了。所以，你没有必要步步紧逼。

总而言之，并非不可以向领导提出异议，关键是你如何恰当地提出异议。还有，你要知道，领导大多数都是从基层做起的，他们也很了解做下属的难处，也很了解下属的心理。只要你能掌握上述这些方法，找准合适的机会，针对领导的这些心理，就不难向领导表达自己的异议。

第三章

做好团队沟通才是好领导

　　作为管理者，你的时间有限，你只能做重要的20%的事情，其他80%的工作可以让团队帮你解决。而你要做的就是提升团队的整体战斗力。如何提升团队战斗力？有效的沟通至关重要。事实证明，没有沟通的团队的战斗力是无法持续的。因此，带队伍的关键在于流畅的沟通。

1. 有沟通才会有干劲

不管是谁，在职场中都希望能够得到领导的关注和重视。这种关注，这种重视，领导要如何传达给下属呢？作为管理者，尤其是初级管理人员，面对的是小团队的带领，需要更细致、更全面地跟基层员工进行有效沟通，以便使团队中的每一个成员都能够有团队意识，并且自动自发地工作。做到这一点，才算是成功的管理者，不然就会置身麻烦的旋涡。

郝明月的团队现在是老中青三结合，学历分布也是错综复杂，从职高到本科，总共20个销售专员。团队这种复杂的结构，使郝明月感觉到前所未有的压力。

以前就十来个人，一声令下大家"冲锋"，一声招呼晚上聚会便可以。如今不行了，一会儿张三闹情绪，一会儿李四和王五顶上了，一会儿赵六要请俩月婚假，一会儿周七对薪水不满。

郝明月每天都处于高度紧张状态，说不好什么时候就有哪个人跑来告状，也想不到什么时间哪位下属就情绪泛滥了。管严了人家就撂挑子，管松了人家就敢出洋相。郝明月是抓制度讲道理，瞪眼睛发脾气，招数用尽，却还是一天到晚焦头烂额。她觉得，怎么领导就这么不好当呢？

最后郝明月实在吃不消了，她找到了顶头领导赵月，说道："领导，教教我，你是怎么管理的呢？""管理不是成天管着别人，要先了解你的下属。假如你愿意听我的，你就把人分成组，定期跟他们谈话。重点人物多谈，关键人物深谈，尝试一下吧，可能会有帮助。"

郝明月回去以后，把几个最难管的分出来，三个人每周每人谈一个小时。可是，谈了两周不但没成效，人家还不爱搭理她了。谈话从开始到结束，郝明月只是唱独角戏，对方就是闭口不言。

苦恼的郝明月只得再找领导，赵月摇着头说："这不行，让你谈不是教育人家，是拉近距离。你要想了解别人，就要让他们谈出自己的心声。"郝明月恍然大悟，原来自己谈的方向不对，领导是让自己了解下属，在了解的基础上管理，自己却改成了单独教育，难怪人家都不领情。

后来，郝明月改变了谈话方式，每周找一个人聊天，不一定是表现差的，哪个层次的都有。谈话内容也是从生活到爱好，没有固定的方向，反正不再进行批评教育。两个月后，郝明月感觉压力明显减小，尽管还存在问题，但比起之前有了很大的改善。

领导要时刻记住，只有团队整体进步了，部门才会成为强有力的部门。团队中有一个人存在问题，都可能导致团队业绩的下滑，也会凸显出管理者的不足。在团队发展过程中，一定要和团队成员进行深度沟通，以便及时了解下属的所思所想，进而调整团队的发展战略和下属职业生涯。

对于一个人数不是很多、管理半径不是很大的团队，管理者在沟通时一定要注意培养下属的信任感和归属感。

第一，沟通出信任。跟下属进行交流，不要指望一开始他就能倾心而谈，要让下属真正打开心扉，需要一个真诚交流的过程。在一对一沟通的时候，最好不要弄得像领导考评下属，也不要由领导主导话题，要么不断地批评教育，要么说说人家好的地方，讲讲人家的不足。这种分组单人定期沟通，有很多内容都可以谈，如个人爱好、特长天赋、学校经历、既往工作感想、家庭情况、人生理想等。

领导要做的是引导出谈话主题，然后把讲话权交给下属，让对方成为讲话的主角，同时要让他们知道，就算说错了也不会受到打击，就算有点不着边际也不会被批评。当下属确信了你的坦诚后，才会用心跟你交流。随着谈话的深入，领导就可以逐步走近下属的内心，了解那些从表面上无法得知的心理动态。每个人都有优秀的一面，有自己擅长的一面，了解之后才能用其所长避其所短。这样，你的管理就变得容易了，你的团队成员就能以一当十。

第二，沟通出团队归属感。虽然团队讲求整合效应，但是，绝不是谁干得好就留下，靠一个人单枪匹马去努力；也不是谁不好就离开，可能你认为不好的那个，未来也会变成优秀的人才。作为团队管理者，无论是部门里的培养对象，还是难于管理的成员，都应该一视同仁，安排时间跟其进行深度谈话，努力培养对方的团队归属感，进而产生集体荣誉感。

这类谈话往往从下属的家庭背景、生长过程中遇到过的事情入手，因为某些下属的问题往往是由其在自身发展中挫折较多，或是对管理者不服气等方面的原因造成的。这个时候，假如你能通过帮助下属处理一些他无法解决的问题，理解他所面临的困难，长期关注他的成长，进而走近他，那些所谓的落后分子就有可能迅速进步，最终成为企业的精英。

　　沟通对提高团队竞争力是很重要，但不宜经常进行，隔一段时间进行一次即可。值得注意的是，对于有能力、成绩优异的下属，不要一谈话就许愿，这种沟通很容易误导对方，假如短期没涨工资或是没得到提升，对方会陷入失望，极易造成人才流失。更不能因为担心被挖墙脚，害怕下属辞职，便随意许诺，却无法兑现承诺。这样的沟通只会制造出不服管理的团队，最后头疼的还是你自己。

2. 让下属说出心里话

你的下属是否能够跟你顺畅地沟通，并不仅仅跟下属的表达能力有关，同时也在考验你的指导能力。当上下级在沟通上出现问题时，领导往往认为是下属没有说清楚。其实，很多时候都是因为领导没有学会引导。如果懂得如何引导下属发言，那上下级之间的沟通就会顺畅很多，工作效率也会大大提高，除非下属确实存在语言障碍。

部门经理赵娜正在和手下的四个小组的组长开会。

赵娜对三组的夏雨说："你们组最近人员流动比较频繁，客户的满意度也有所下降，这些问题你有没有找找原因？"

"哦，赵经理。我跟您说吧，现在的年轻人承受力差，说两句就受不了。客户满意度的事，我想可能是最近销售那边的货有问题。人员变化我也谈了，可能是专业素质吧？赵经理我想应该培训一下。嗯，我觉得自己工作非常用心，虽然上来时间短，可没有浪费时间。我想吧，是不是应该再招点人，淘汰一些人，互相刺激。反正这些问题我都在解决，正在改善当中吧！"

赵娜听得脑子里一团乱麻，这位新主管似乎太紧张，说话有点语无伦次。可是，干了有两三个月了，谈话也不是一回两回了，不至于吧？

赵娜试图提示："你没有回答我的问题，我是要你分析人员变化，把客户满意度下降的事总结一下。"

夏雨微笑着说："嗯，是呀！我是这样想的，服务质量是企业的命脉，要抓。一定要有所改善，我觉得把他们分一分，然后教一教。人的事您放心，其实我觉得最好是这样，调整一下，然后鼓励一下，您看是吧？我在处理客户王先生的单子时，我就对大家说，要把握客户就得先听……"

赵娜拧着眉头挥挥手："好了，好了。小夏呀，我不是要你说具体你做了什么，是让你说说你的管理思路。"

"哦！经理，这就是我的思路呀！"夏雨无奈地瞪大眼睛。

走进董事长的办公室，赵娜脸都扭曲了，叹着气说："我真服了小夏了，怎么她说话永远不在题上呢？什么事让她说就叨叨半天、乱七八糟，根本不是你要听的。"

董事长严肃的脸上划过一丝微笑："谁刚带队伍都是一个新起点，做专业工作时，可能表达得非常好，做管理时与上下级的交流汇报，就不一样了。所以，你得教他们，你要懂得引导，我教你几个办法吧……"

让赵娜没想到的是，董事长说的方法真的很有效。

作为管理者，在听取下属汇报工作，跟下属之间的沟通遇到障碍时，一定要有效地引导下属的思路。董事长到底给赵娜支了哪些着呢？我们这就去学一下。

第一，听进去，引出来。当下属来汇报工作的时候，领导一定要让他说出来，然后仔细听进去。也许下属是紧张得说不清，也许是表达方式不妥讲不明白，也可能是逻辑关系有些混乱。不管是哪种情况，领导首先要弄清楚他为什么说得不清楚。如果通过了解、观察，发现他是紧张，那么与他沟通时，你就尽量给他创造一个宽松的语境，这样问题定会迎刃而解；如果发现他是表达方式不妥，那么你就在沟通过程中给予一些提示，引导他向正确的方法转移，这样就解决问题了。最难办的，就是表达时逻辑不清楚的，你就要下点功夫引导解决了。

当然，引导不等于批评，也不是指个大方向，而是要给下属一个能够让他顺着说下去的线索。有了明确的线索，下属就可以顺着线索和你交流。先给下属一个线索，再在对方说的过程中帮助调整。他跳跃了，领导要及时拉他回来，不能下属说话思路跳了，领导就跟着听，听烦了吼他一通，那样，下属会说得更乱。在这样的引导下，下属的思路会开阔起来，说话也就会进入领导的期望轨道。

第二，引申开，说下去。一般来说，线索引导一段时间以后，有些下属会产生依赖，你不引他不说，怕说错了。怎样才能让下属打开话题，在线索之后再引申开来，沟通下去呢？领导有必要从引领话题，发展为交出话题。

引领话题并不难，不断给下属线索，时常纠正偏离，久而久之他就能循着你的线索沟通了。

在引领话题的基础上，领导要逐步减少话语量，让下属在自己的引导下逐步成为话题的主讲人。而领导呢，应该是话题的控制者，只要不偏离主题，就给下属讲的空间和时间。因为沟通就是通过表述，让其内在思想得以释放，从中获得管理线索。而只有让下属能够跟自己正常沟通，明确阐述思想之后，领导才有可能获得这些线索。

第三，说下去，点题止。许多沟通最终都以失败告终，这是由于领导不会在点题后终止话题，不能掌握沟通的弹性。好的上下级沟通，应该根据沟通的必要性、重要程度，来确定沟通的时长。一旦达到沟通效果，实现了本次沟通的目的，就要懂得适可而止。

终止话题的方法非常多，比如在下属表达到一个段落时，对他说："好，关于这个问题，今天咱们就谈到这儿吧，回去后再整理一下你今天所说的，交一份详细报告给我。"每一次会议都应该有一个明确的预期，目的实现了就赶紧结束，不然只能是浪费大家的时间。

3. "发火"的原则

在工作中，领导者免不了有发怒的时候，而上下级之间的沟通交流，不怕波浪起伏，最忌平淡无味。没有数天的阴雨连绵，怎能衬托出雨过天晴的美好。暑后乘凉，倍觉其爽；渴后得泉，方知其甘。这其中包含着心理平衡的辩证哲理。

那些有经验、有阅历的老练领导者，大多既敢于"发火"，又有善后收拾的本领；既能狂风暴雨，又擅长和风细雨。只有做到这样，才能让那些懒得动的蜗牛跑起来，才能让下属为公司创造更多的效益。

当领导对下属"发火"时，一定要掌握好下列两条原则：

首先，该发火就发，但要适度、适时。作为领导，在涉及原则的问题上，或在公开场合碰了钉子时，或对有过错的下属指导教育无效时，往往需要通过"发火"压住对方。尤其是领导确实为下属着想，而下属又固执己见时，领导通常会通过"发火"让下属明白和理解。

"发火"非常有必要，但有些事项需要注意：

第一，"发火"最好不要把话说过头，也不宜把事做绝，应该注意留下感情补偿的余地。假如领导在大庭广众之下把话说过头，则很可能会让自己在事后难以收拾，陷入骑虎难下、无法收场的尴尬境地。

第二，"发火"要懂得虚实结合。对当众说服不了或不便当众劝导的下属，不妨对其大动肝火，这不仅能防止和制止其错误行为的继续，警醒下属，而且还能显示出领导者的威慑力量。但是，对有的下属则不宜真动肝火，而应以半开玩笑、半认真或半训诫的方式去进行，这种虚中有实、情意双关的"发火"，让下属既不能翻脸又不敢轻视。由于内心有了顾忌——假如领导认真起来怎么办，所以工作起来会更加卖力。

第三，"发火"时要注意树立一种关心下属、有责任感的形象，要大事认真，小事随和，轻易不"发火"，"发火"就叫人服气。长此以往，领导才能在下属中营造令人敬畏、令人爱戴的形象。

第四，"发火"之后要记得善后。不管领导为什么而"发火"，这种行为总归会伤人，只是伤人有轻有重而已。人跟人之间，无论地位尊卑，人格都是平等的。因此，"发火"伤人后，领导应该做及时的善后处理，即对下属进行感情补偿。

在善后时，领导一定要遵守以下几条原则：

第一，妥当的善后要选时机、看火候。过早，下属通常火气正盛，效果不佳；过晚，下属郁积已久的怒气很难解开。最好在下属略为消气，情绪开始恢复的时候予以开解。

第二，善后要具体对象具体分析，对不同下属采用不同的方法。有的下属性格大大咧咧，领导"发火"，他也很少往心里去，故善后工作只需三言两语、象征性地表示一下就可以了；有的下属心细明理，领导"发火"，他往往都能谅解，也不需下大功夫去善后；而有的下属死要面子，对领导向他"发火"会耿耿于怀，甚至记恨报复，所以善后工作需要细致而诚恳。对这种人，领导一定要好言安抚，并在以后寻机通过表扬等方式进行弥补。

第三，良好的善后工作往往会体现出明暗相济的特点。所谓"明"，就是领导亲自登门跟下属谈心、解释，甚至是"道歉"。下属觉得有了面子，一般都会顺势和解。所谓"暗"，就是领导对心胸狭窄的下属"发火"过了头，单纯面谈也很难挽回时，便采用"拐弯抹角"或"借东风"法。比如，领导者可以在其他场合，故意在第三者面前表扬该下属，并适当说些自责的话，使这种善后语言间接传入对方的耳中。这种间接语言很容易使下属被打动、被感化，进而为领导卖力工作。另外，也可以在下属困难时暗施援手，待其明白真相后，自然会对领导心存感激。

总之，领导一定要注意一点，尽管"发火"施威有缘由，但毕竟"发火"会伤人，甚至有可能坏事。因此，领导者一定要谨慎对待，以期取得正面积极作用。

4. 如何应对下属的"发难"

下属总是想弄清楚领导是何等人物，他们会在心中暗自揣摩：我是否喜欢这个领导？这个领导究竟合格还是不合格？这个领导是否值得尊敬？这个领导有没有工作能力？这个领导的工作做得怎样？这个领导会待我如何？

为了对领导有个全面的了解，下属有时会通过旁敲侧击或正面接触的方式来打探领导的底牌。他们所采取的最常见的做法，便是对领导"发难"。

例如，有的下属会以自己最精通的事，故意向领导发问，以探对方虚实，假如领导被问得支支吾吾、含糊其辞或是无言以答，他可能就会扬扬得意，甚至不客气地对领导说："这么简单的事您也不知道？"

在这种场合，领导假如涨红了脸，缄口无言，就会丧失应有的威仪，日后也无法顺利地做好管理工作。因此，一定要学会灵活应对下属的"发难"。比如，在上述的场合中，作为领导，完全可以从容不迫地对下属说："你做这方面的业务已经三四年之久了，应该精益求精才对。假如这样炫耀自己掌握的一点知识，不就恰恰说明你太容易满足了吗？"

如此不卑不亢的话语和态度，便是对"发难"的下属最沉重、最致命的反击。这样应对，既不会让事态进一步恶化，又可表现出自己的风度与气量。

从理论上讲，领导应该是一位比下属略高一筹的"通才"，领导确实需要博学多识、多知多能，但却不可能对各种事务都精通。因此，如果下属在某方面强过自己，也没必要与之较量，而应采取迂回曲折的方式巧妙地回避开，然后展示高瞻远瞩的优势，在自己强过对方的事情上，给予下属引导和启发。

在日常工作中，与下属发生争论也是领导经常遇到的事情，能否得体地处理这种尴尬的事件，也是决定领导能不能获得下属敬重的重要条件。当上下属之间意见相左的时候，最怕的就是互不相让。

一般来说，领导觉得让下属占上风会让自己颜面无光，因而急于想驳倒对方。然而，下属（尤其是性格倔强、脾气古怪的）也可能以不服输的劲头，坚持自己的道理，跟领导进行激烈的争论。争论越激烈，双方的情绪就会变得越过激，结果也就越是无法控制。

如果跟下属的争论相持不下，只会变成"抬死杠"，让双方的关系越来越僵。因此，领导应该明智地寻找退身之计，不失时机地说一句："看来，你对这个问题做过一番研究啊！"如此一来，不仅让下属感到脸上增光，工作起来也更有劲了，而且领导自身也能找到一个台阶可下。

你在和下属说话时，很关键的一点是应认真细致地倾听。这时，你表现出来的关切专注神情，可以有效化解冲突。另外，你也可以根据实际情况，通过一些插话技巧，应对下属的"发难"。

第一，传达你的理解信息。当下属在叙述时急切地希望你理解他的谈话内容时，也可能会对你突然"发难"。遇到这样的情况，你可以用一两句话来回馈你对谈话内容的理解程度，加深对谈话内容的印象，同时也让下属感到你的诚意，进而及时帮助你纠正理解中的偏差。

第二，帮助下属疏导情绪。当下属由于心烦、愤怒等原因，在叙述中无法控制自己的情绪时，你可选择合适时机，插上一两句话来进行疏导。对方在适当地发泄一番后，会感到轻松、解脱，从而能够整理好自己的思路，从容地完成对问题的叙述。

5. 做个信守承诺的领导

俗话说："君子一言，驷马难追。"自古以来，中国人就十分注重信义。作为领导，不管你是兵头将尾，还是统率三军，只有讲信义，才能树立威信，说出的话才会有人听、有人信，下属才会为你"抛头颅，洒热血"。

相反，如果一个领导总是忽悠人、不讲信义，那么他就不会有威信，说话的分量就会大打折扣。有时就算他说的是真话，下属也会持怀疑的态度。而当他处于危急之中、需要他人救援时，大家也会以冷漠的态度对待他。在下属的心目中，这样的领导不可能占据重要位置，也不可能带好团队。下属不会对他言听计从。

闫世杰是一家广告公司的领导，几年前他发现了在公交车上投放DM杂志的商机，打算办一本名为《巴士生活》的DM杂志，但他既没有办刊经验，又不认识能胜任的人才。

于是，老闫广撒英雄帖，为了能够招到优秀的人才，使刊物顺利推向市场并取得预期的效益，他郑重许诺，除可观的工资以外，如果能够将杂志发行到5万份，他会一次性奖励给刊物主编5万元现金，一旦突破，马上兑现!

程伟祥是一家省内某知名期刊的副主编,听到闫世杰的承诺以后,经过再三思量,毅然辞职到老闫的公司为他办起了杂志。由于DM杂志是新兴产物,可供借鉴的经验不多,创刊之初难度很大,程伟祥便不分日夜地调查读者群,拟定办刊宗旨,采集稿件,从形式到内容,忙得不可开交。还好,杂志出刊后市场反响还不错。

此后,程伟祥把全部精力和才情全部投到了办刊上。经过一年半的努力,他所办的《巴士生活》从创刊之初的2千份,终于突破了5万份!

正当程伟祥拿着当期的发行量,兴高采烈地去找领导兑现那5万元奖金时,闫世杰的脸拉得老长,说:"知道我为什么能有今天这份事业吗?是因为我一直坚守'只问耕耘莫问收获'的座右铭!你还年轻,更应该如此,眼光要放长远一些,不要只看眼前的利益得失。再说了,发行量为什么这么快就突破了5万?还不是因为DM杂志是个新兴产物,市场本身就好嘛!如果你把杂志发到20万份,不用你提,我自然会重奖你的!"

程伟祥在心底愤愤地骂道:"真是个伪君子!言而无信的小人!"自己本来是合情合理地去提醒领导兑现当初的诺言,到头来却得到一顿训斥。这样言而无信、朝令夕改的领导怎么能有大的发展呢?经过再三考虑,程伟祥第二天早上就向老闫递交了辞呈。

守信用,讲信义,是一个人具备良好品格的体现,它的形成不是一朝一夕的,而是在工作实践中慢慢形成的。在单位里,如果当领导的言而无信、背信弃义,不仅会让自己的信誉扫地,影响到团队凝聚力,而且还会在下属面前失去应有的好感和信任,降低团队的工作效率。

作为领导,在下属面前怎样才能做到讲信义呢?以下是四点建议，如果能把这些基本点做好，就可以成为一个有诚信、有效率的领导。

第一，不轻易许诺。有的领导口头上对任何事都说"没问题"，一口承诺，甚至斩钉截铁地拍胸脯保证。可是，嘴上说过去，脑中也就遗忘了，这种把承诺视作儿戏的行为，迟早会被人所鄙视。因此，许诺之前要先考虑清楚，一旦许下诺言就一定要努力实现，就算需要付出一定的代价，也在所不惜。的确是非人力之所能为的，也应该勇敢地放下面子，及时诚恳地向对方说明实际情况，请求对方谅解。假如真的做到了这一点，相信大部分人都能谅解。

第二，从小事做起。越是细微的小事，越容易给人留下深刻的印象。比如，你向下属借钱后，到了约定日子仍无法还钱，你随口敷衍"过几天就还"。假如对方稍有判断力，他一定可以看出你是否值得信任。正所谓"百尺之台，起于垒土"，因此，一定要重视每一件小事，从一点一滴做起。

第三，不受功利的诱惑。一个人之所以会产生狡诈、欺骗的行为，最主要的原因就是受功利的诱惑。为此，领导一定要注意自己的行为不受功利的诱惑，不要太实用主义，不要因为蝇头小利而去算计下属，不要只看到自己眼皮子底下的那点事，眼光要放得长远一点。只有做到这些，你才能变得诚实，才能谈得上"信义"二字。

第四，有责任感。有的领导吩咐下属三点钟开会，结果自己四点还不到。他们一点都不考虑对方是多么焦急，不考虑自己浪费了别人的时间，甚至还认为无所谓，这就是没有责任的表现。领导的一举一动都在表现着对他人、对集体的一种责任，想要做到讲信义，就必须加强自身做人的责任感。

6. 为犯错的下属扛责任

在职场中，大部分情况下，下属犯了错，直属领导往往唯恐避之不及。其实，谁都知道做的事越多就越容易犯错。领导的任务是管理，没有做实事自然不容易犯错误，假如有罪责，自己当然可以推得一干二净。不过这样一来，领导就会被看作一个没有责任心、没有能力的"等闲之辈"了，如此领导，下属自然不能心悦诚服。而且，领导的上级也不会坐视不理。

至于那些能为下属扛责任的领导，不仅会得到下属的拥戴，还会让顶头领导看到自己的魄力和及时纠正问题的能力。最重要的是，有领导为自己撑腰，下属才会有团队归属感，他才会觉得自己的工作有价值，自己受到了尊重。如果领导一推六二五，下属自然也不会顾及什么情面。

戈学伟被某电器集团高薪聘为销售部经理，谁知刚上任三个月，他手下的销售代表郑志明就被客户投诉贪污客户返利，审计部的调查证实了这一点，而且返利单上居然有戈学伟的签名。

这事让老总很是恼火，质问戈学伟："你手下的人贪污客户的返利，这么长时间了，你居然毫不知情？"

"我已经知道了这件事，"戈学伟辩解道，"按照流程，小郑是把返利单报到我的助理那里，她审查并整理好后，再给我签字。我的工作比较多，可能当时没看清楚。"

"是没有看清楚就行了吗？你的工作比我还多？"不解释也罢，这一解释更加激怒了老总。由于戈学伟到公司的时间不久，对销售部的关系还没有理顺，所以有的时候，他还得顺着助理的意思签署一些文件。老总前去质问的意思，其实并不是要处理哪一个人，只是希望不要再出现类似的问题了。可戈学伟却还在喋喋着解释原因，全力推脱责任："回头我会跟助理商量改进工作流程，并严肃处理她。"

"处理助理可以补回公司的损失吗？这件事应该是你负全责！"老总对戈学伟这种百般推脱、将责任都归结到下属头上的态度非常气愤，他当然知道出了问题，惩罚当事人已经于事无补，关键是不让问题再发生。

在领导眼中，戈学伟是代表销售部的，只要是销售部出了问题，不管责任大小，戈学伟都难辞其咎。因此，一旦下属出了错误，戈学伟首先要自我检讨，而不是一味推脱，更不能拿小小的助理垫背，这种缺乏责任心的举动太让人失望了。

不知戈学伟想过没有，部门经理都不愿意承担责任，如何能管理下属呢？下属又如何能服从呢？正所谓"大树底下好乘凉"，假如你能给下属提供一个"好乘凉"的地方，那么你的下属将会因为你的施恩而对你忠心。再则，敢于为下属"撑腰"的领导无疑是敢作敢为之人，而且也清楚"下属犯错"跟"领导无方"撇不清关系。

不要以为下属犯了错你躲得远远地就跟你没关系，领导的眼睛明亮着呢，你是否有领导风度，你有没有责任感，你是否受下属拥戴，领导心里都一清二楚。当然，并不是让你替下属承担过错，而是帮他们更清楚地认识自己错在哪里，应该如何改进。反过来讲，有些时候一旦领导把责任扛下来了，下属就会积极地跟领导一起琢磨从根本上解决问题的办法，因为只有这样才能报答领导的"买单"之恩，这也是避免拖累整个团队的安全、明智之举。

假如下属惹怒了你的领导，那你更不能躲开了，不管下属是对是错，你都应该先帮忙扛着。因为无论怎样，你在领导面前也有几分薄面，你的介入会让矛盾有效地得到缓冲。唱好这出戏必须要记住一个要点：那就是绝对不能迁怒于下属。你越是尊重他，他就会越感到内疚，在工作上就会越认真，这才是我们主动"埋单"的最终目的。

当然了，我们所说的为下属犯的错"埋单"绝对不是让领导吃哑巴亏。等"战火"熄灭后，领导要找到当事人仔细详谈，将事情的来龙去脉搞清楚，让下属认识到错误所在，正视问题，并保证不再犯，或是及时补救。假如下属犯的错误很大，应该受到处罚，那么你也不要手软，不然，他就不会长记性，还琢磨着下次再犯时有你当"替罪羊"呢。

处于领导层的人一定要从大局的利益出发。假如一个人待人处世只从自己的利益出发，那他永远不可能得到团体的认可，更谈不上在他人心目中树立权威形象了。在职场上，大家总是会自觉或不自觉地从自己的角度出发来考虑和处理工作，假如你学会设身处地为他人着想，你自然能够得到大家的信任，并成功地打造一个积极向上的团队。

7. 说出那些不得不说的话

在工作中，领导者不可能事事都让下属感到称心如意，句句话都悦耳动听，有些难以开口的话该说还是得说，只不过要懂得尽量减轻对下属的打击。这样的领导才更受欢迎。

有些话尽管并不过分，也没有什么不正当的动机，但当领导的还是觉得无法讲出口。例如，向下属传达被降职、解雇的消息；下属辛辛苦苦拟好的计划书，被否决了；下属提出了一个建设性的方案，却由于疏忽大意或过于繁忙，忘记审阅了……诸如此类问题，当面对下属时，的确不好说出口。刚当上领导的职场人，遇到这些情况时，该怎么说呢？

第一，公司在人事方面有所调整，下属被降职或被调离，或是被打入"冷宫"，被派去负责一些鸡毛蒜皮的事时，领导有责任及时告知下属这些情况，并且要耐心安抚他，尽量使他能保持积极愉快的心情服从安排，前往新岗位就任。

这种时候，领导者应尽量避免使用伤感情的字眼。下属被降职，心情本来就非常郁闷，假如领导沟通过程中再用词不当，甚至恶意地嘲讽对方，无异于火上浇油，极有可能造成难以想象的后果。

假如说降职通知让领导们难以开口，那解雇通知恐怕就是连嘴都张不开了。当下属被解雇时，作为领导应该以100%的真诚面对即将离职的下属，告诉对方"为什么要裁员""领导是怎样考虑的"和"为什么会留下其他的人"。而且，要给对方足够长的时间消化吸收。

第二，前期工作都做完了，计划却突然改变了。遇到这样的事，领导该怎样跟下属解释呢？首先，作为领导，不能直接告诉下属："不关我的事，都是老总一人说了算，我也没办法！"这样将责任推卸给领导，自己暂时没有麻烦了，但部下会对老总产生怨气。或者，一旦下属明白你不过是在推卸责任，肯定对你这个领导产生极大的反感。

当然，也不能为了防止下属产生不满，而用高压手段禁止下属开口。这样做会在下属心里留下疙瘩，对领导心生不满，也会对工作消极应付，这是最不明智、最不可取的做法。正确的方法应情理兼顾，对下属动之以情晓之以理，使下属真正心服口服，不丧失工作的积极性。

假如以后有合适的机会，领导应当将下属的能力考虑在内，优先对下属的工作做出认可。积极地推荐下属去完成更加有挑战性的工作，让大领导看到下属的表现。下属一定会感激不尽。

第三，有时下属上交了一个提案，领导满口答应要仔细"看一看"，而过了一段时间后，还没有看。下属已经等不及了，希望得到一个满意的答复，跑来问领导："那个提案，您看过了吗？觉得怎么样了？"在这种情况下，领导应该直率地说："我现在很忙，实在没有时间细看。不过一个星期之内肯定会给你一个满意的答复！"

同时，在约定时间之前，领导最好能主动答复下属。到时候，下属一定会被领导的责任心所感动。假如答复是否定的，与其让下属追问理由，不如由领导主动予以说明，表明领导的确认真审查他的提案，是有诚意的，绝不是草草应付了事。

假如提案需递交给更高一级的负责人，而大领导态度不明确，以至于没有确定结论时，直属领导最好能居中说明立场，表示自己已经转交给高层，却久久没有得到回音。所得答复假如是否定的，一定要对下属详细说明情况，千万不要随意敷衍。

第四章

欢声笑语带来职场新关系

在许多人的眼中，职场是工作的地方，不是游乐场，不能嬉笑玩乐，而应该保持严肃认真的态度。这似乎并没有什么问题，但人毕竟不是机器，有情绪起伏。如果没有欢声笑语，气氛压抑，难免会影响心情，这样反而会影响工作效率。本章将与你分享幽默沟通对职场环境和职场人际的影响。

1. 学会制造快乐的气氛

现代社会瞬息万变，越来越讲究速度和效率。繁忙的工作，给我们这些职场人士带来沉重的心理压力，使我们焦虑丛生。这个时候，幽默成为我们最好的"减压阀"。幽默不仅能使职场人的心情变得轻松愉悦，还有助于打造良好的人际关系。

很多有眼光、有见识的公司经理、董事长，都喜欢提拔那些能自我解嘲、创造欢乐气氛的职员。因为这些职员很乐观，容易取得他人的信任。他们能通过幽默的方式，让大家接受他们的看法和意见。

有一家大公司的总裁曾经说过："我专门雇用那些善于制造快乐气氛，并能自我解嘲的人。这样的人能把自己推销给大家，让人们接受他本人，同时也接受他的观点、方法和产品。"如今，在招聘员工的时候，越来越多的大公司都倾向于那些具备幽默感的人才。

恰到好处的幽默，能消除同事之间因误解导致的指责和争执，为职场关系的良好发展提供动力。想在工作中不断进取，就应多体会幽默在人际关系当中的作用，在恰当的时候学会运用它来扩大自己的影响力。

李先生所在的公司被另一家大公司吞并，突如其来的人事变动，打乱了他平静的生活，新同事对他没有好感，他感到整个办公室的气氛很不好。

有一天，他又拖了后腿，他苦笑道："我看大家都不愿意我被辞退，因为无论什么事情，我可以垫底。不好意思，拖后腿了。"

新同事们听了他的话，都笑了起来，反而对他产生了信任和亲近的感觉。由此可见，幽默感帮李先生和大家建立了友好善意的共事关系。

某大公司里的一位部门主管，他每天都在想一个问题："部门内的人是不是真正喜欢我？"

一次，他从外面走进办公室，发现手下的职员们正聚在一起聊时事，可是一见到他，就马上匆匆忙忙奔向各自的办公桌。这位主管没有大发脾气，反而笑道："看你们聊得挺开心的，都不忍心打扰你们了。"

这句话却产生了很好的效果。原来，这个主管过去总是板着脸训人，总是用"不许偷懒""工作时间不准娱乐"之类的话批评别人。这次他小幽默了一下，使职员们发现他原来也是一个挺有人情味的人。

而这位主管也认识到，能和大家一起欢笑，对建立良好的工作关系是有利的。

要想在事业与工作上获得成功，免不了会遇到一些障碍。身在职场，与他人协调工作，你会发现跟发挥个人的才能相比，处理众多的人事问题要困难得多。除了要有献身精神外，你还得不断鼓舞众人的士气，帮助大家解决工作上的困难，取得成员的信任和拥护。不然的话，你的工作进展得会很不顺利。此时，幽默的力量是可以帮助你接受挑战，并且在实践中获得成功。幽默能告诉你如何轻松地对待挫折和失败，如何通过取笑自己来和众人沟通。

罗克尼是著名的足球教练，在一场比赛中，他曾运用幽默的力量，使自己所在的诺特丹球队反败为胜。

球赛进行到上半场结束时，罗克尼的球队比威斯康星队落后两球。在休息室中，他一直保持缄默，直到要上场比赛之际，他大喊道："好吧，小姐们，走吧！"这句话逗笑了全体队员，也刺激了队员们进球得分的欲望。

借助幽默的力量，罗克尼重振球员的士气，帮助他们忘记艰难的处境。最终，诺特丹队下半场连进3球，以3：2赢得了整场比赛。

在事业和工作的路途上，我们会遇到一个又一个障碍，其中最常见的就是人们在心理上对新的工作感到难以适应。究其根本，很大程度上来自对人际关系的忧虑。当然，挑战和困难实际上也是一种机会。要知道，获得成功是要付出代价的，比如学着把自己的某种能力和专长放在一边，在跟同事的交往上多下功夫。可能你是世界上最好的教师、职员、工人，但是让你当校长、经理或其他负责人的时候，你也许就会感到不能胜任，从而陷入困境。因为处理众多的人事问题比发挥个人的才能要更有难度。

举个例子，你不仅要有献身精神，还要帮助大家解决具体问题，得到部下的信任和拥护。否则的话，你很难有所作为。所有这些挑战，你应该当成是获得了某种机会。机会便是前进的动力。假如学会幽默，你就可以更轻松地接受挑战，并且在实践中获得成功。幽默能使你坦然对待挫折和失败，使自己和同事之间建立起良好的工作关系。

2. 用笑声消除隔阂

同事们有什么心事，都对你倾诉，而你也非常能体谅别人，是个很好的听众。你不仅愿意很耐心地倾听别人的心里话，而且你还能尽己所能地帮同事排除烦恼。就算事情不是力所能及的，你也会给予一定的安慰。如果你能做到这些，会有谁不愿意跟你做朋友呢？除此之外，要是你有自己的个性特点，具有一种独特的幽默方式，那就再好不过了。

阿雅和小玲是多年的同事，俩人隔桌而坐，情同姐妹，彼此也有着良好的默契。但尽管如此，有时也难免发生冲突。

有一次，为了处理领导交代的项目，俩人有不同的意见，无法协调，她们发生了严重的口角。事情发展到后来，双方开始冷战，彼此形同陌路。到了第五天，阿雅实在忍受不了这样的工作气氛，为了打破僵局，她便把办公桌的抽屉全部打开来东翻西找。

坐在对面的小玲冷眼旁观了好一阵子，终于忍不住好奇，开口说话："喂，你把所有抽屉打开来，到底在找什么？"阿雅看看小玲，幽默地说："我在找你的嘴巴和声音啦！你一直不跟我说话，我都快活不下去啦！"俩人扑哧一笑，重归于好。

阿雅这种个性化的幽默话语，使得小玲自然而然地消除了隔阂，愿与阿雅重归于好。幽默会使我们对同事的行为着眼于它的光明面上，而不是着眼于它的错误和缺点处。不管事实真相如何，我们应该了解并接受人性的小错，并借幽默增进同事间的工作关系。

有一次发薪水的时候，小赵的工资卡里面居然分文没有。他没有像一般人那样气得暴跳如雷，或者破口大骂。他跑去问财务部门的人："怎么回事？难道说我的薪水扣除，竟然达到了一整个月了吗？"

当然，小赵后来一分不少地得到了薪水。

小赵对同事偶犯错误持一种宽容的态度，而不把它看成一件了不得的大事。他没有大骂同事，而是借助幽默的方式，跟同事愉快地交流，从而收到良好的效果。

巧用幽默跟同事沟通，以建议的方式取代批评，对工作上出现的问题，用轻松的心态和同事一起面对。那么，你和同事就会走向双赢。假如我们以尖刻的批评去对待一位没有处理好工作的同事，就会造成冲突的局面，反而不利于问题的解决。那位同事会失去信心，而我们会失去他的信任，得不到应有的支持。只有"以对方为中心"，了解他人，时刻不忘幽默，才能真正打开沟通的途径。

幽默可以帮助他人消除因工作带来的紧张感，驱逐挫折感。但是，如果不能认识到幽默对自己的神益，我们就不太可能以幽默来激励他人。为了保证我们可以随时使用幽默的力量，我们应该时时刻刻保持乐观的心态，做好跟同事一起欢乐的准备。

我们在工作上，在处理与同事之间的关系上，都需要更肯定一些来表达自己。你可以对同事表达信任："唔！我看得出你知道怎样把事情办好的秘诀。"你也可以表达感激："谢谢你把你的想法告诉我。"这是一种积极主动的态度。随时保持这种态度，那么在遇到阻挠、遭受到不公平待遇、工作不顺、有所不满、情绪低落时，笑声才会产生。

一位男士打趣即将结婚的女同事："你真是舍近求远。公司有我这么优秀的人才，你竟然都没有发现！"

对于这位男士的幽默，女同事不仅没有反感，反而开心地笑了，由衷感激他的友谊和欣赏。

同事之间荡漾着欢乐的气氛，这是多么弥足珍贵的友谊啊！除了同事关系，还有合作关系，杂志社出版社的编辑与作者之间就是如此。假如在合作期间能适时幽默，那么对推动双方工作的顺利进展是有帮助的。

美国作家杰克·伦敦答应给纽约的一家出版社写一本小说，却迟迟没有交稿。出版社编辑在多次催促都无果后，便给杰克·伦敦的住处打了个最后通牒式的电话：

"亲爱的杰克·伦敦，假如24小时内我还拿不到小说的话，我会跑到你屋里来，一拳揍到你鼻梁上，然后一脚把你踢到楼下去。我可从来是履行诺言的。"

杰克·伦敦回道："亲爱的编辑，假如我写书也能手脚并用的话，我肯定能履行自己的诺言，按时将书交到你的手里。"

编辑跟作家之间的玩笑表明了他们亲密无间的合作关系。而作家为自己无法交稿所做的辩解，更是巧妙。

某杂志社的编辑收到一封来信："亲爱的编辑，我希望和您达成一项默契，假如您刊用了我的稿子，您将得到稿费的一半，希望能得到您的首肯。"

编辑回信说："您的意见很好。我希望钱都由您支付，每行5元。当您把稿子和钱寄来以后，我很乐意把它刊登在广告栏里。"

由于合作关系不同于领导与被领导的关系，所以处理事情应该平等协商，相互提意见、表示不同观点也应客气委婉些，以免伤了和气。以幽默语言来表达就是不错的主意。

歌唱家夏诺·帕蒂拉举行独唱音乐会，乐队里的钢琴伴奏却自顾自弹得很起劲，以至于琴声不时盖住歌声。尽管帕蒂拉数次向他暗示，可他全然不予理会。

演唱会结束之后，帕蒂拉跟自己的合作伙伴——钢琴家亲切握手，并幽默地说："先生，今天我很荣幸，能参加您的钢琴独奏会。"

歌唱家用幽默的语言表达了对合作伙伴的不满，而且还照顾了对方的情绪，不失为一种巧妙而得体的方法。个性化幽默可以使双方认识到共同的问题，并站到对方的立场来看待事情。

3. 有情趣才更有效率

你是否觉得跟同事没什么话说？特别是当彼此存在一些利益纠葛时，你跟同事的关系可能会变得很微妙。如果彼此碰到一起，只能随便聊几句诸如"今天天气不错""这周加班吗"之类的客套话。

其实，同事之间，没有必要这样拘谨，将关系变得紧张兮兮的，不仅不利于工作，还会使生活变得乏味。你完全可以尝试使用幽默的方法，制造快乐，消除彼此的敌意，营造亲近的人际氛围。

要学会做一个有情趣的人，建立良好的职场人际关系。许多人对于处理同事关系都感到棘手，抱怨甚多。其实，做个受人喜爱的人很容易，只要你为人不坏，言谈风趣就可以了。道理很简单，人们都喜欢跟有情趣的人在一起。特别是在压力重重的职场当中，一个能够为大家带来欢声笑语的"开心果"，总是受欢迎的。

一天，王强公司所在写字楼的电力系统出了故障，办公室陷入一片黑暗，楼道里不停地冒出白烟。闻到异味后，各公司的人都冲了出去，个个紧张兮兮的，不知如何是好。

这时，一位物业公司员工灵机一动，向各公司职员发放自救手册，以此转移大家的注意力。不一会儿，王强公司的美国领导从办公室里冲了出来，问王强发生了什么事。王强扬了扬手中的自救手册，答道："我们正在研究自救手册，看看在危难情况下怎样保护自己。"

领导和同事们都被他逗得大笑，笑罢领导又问："为什么不给我一本呢？"王强接着说："我会马上为您翻译的。"

工作中，各种无法预料的事件层出不穷。当大家因某事感到无聊和紧张时，你不妨来两句幽默语调节一下气氛。一方面，让同事和领导都感受到你的幽默风趣、平易近人；另一方面，让领导特别注意到你，给领导留下一个不错的印象。当然，这种幽默要把握好尺度，千万不要让其他同事觉得你在讨好巴结领导。

一次，马连良先生演出《天水关》，他在剧中饰演诸葛亮。

开演前，饰演魏延的演员突然因病不能上场，一位来探望他的同行便毛遂自荐，临时顶替出演魏延。当戏演到诸葛亮升帐发令巧施离间计时，这个演员想跟马连良开个玩笑。本来，他饰演的魏延应该退场，可他偏赖在台上不走，还摇摇摆摆地对着诸葛亮一拱手，粗声粗气地说道："末将不知根底，望丞相明白指点！"

这个突如其来的情况并未难倒马连良。他先是微微一怔，随后对"魏延"一笑，说道："此乃军机，岂可明言？请魏将军站过来。"

这位同行见状，便凑到马连良跟前，看他扮演的"诸葛亮"到底有什么计策应对。只见"诸葛亮"稍微侧了一下身体，俯在"魏延"耳边轻声说了几句话，那"魏延"顿时微笑起来，口中连呼："丞相好计！丞相好计！"

说罢，"魏延"这才喜滋滋地下场去了。

这是一段临场随意加的戏，连台下的老观众也没看出其中的端倪。其实，马连良的"好计"只不过是压低嗓门，笑着对存心捣蛋的同行骂了一句："你这个王八蛋，还不快点滚下去！"

演员演戏如同歌手唱歌，翻来覆去一遍又一遍地演，再精彩的戏也会让演员自己觉得单调而枯燥。于是，替演的演员突发奇想，在舞台上跟"诸葛亮"开了个小玩笑，二人一唱一和现场"加戏"，台下观众看不出不妥之处，两个人表演得也是天衣无缝。后来，这段加戏成了剧场中的一段佳话，一直被演员及观众们津津乐道。不过，此类玩笑只适合在熟人面前开，如果对方是不太熟的同事，甚至在工作上存在竞争关系的话，那这样的幽默恐怕就有整人之嫌了。

在工作间隙，李健和几位同事坐在一起闲聊。

一位刻薄的同事说："有些人的腿太长，而有些人的腿又太短，看起来特别难看。"

另外一个同事问李健："那么，你觉得一个人的腿应该多长才恰到好处呢？"

"我想，它们应该至少长到能够碰到地的长度。"李健随口答道。

大家哈哈一笑，都为李健的幽默所折服。

这是一个无聊的问题，如果较真的话不仅毫无意义，也更显乏味。跟同事交谈时，假如你也碰到了类似无意义，或者一时无法回答但又不得不答的问题，也可以学学李健的招数。它的妙处在于伸缩性强、有一定变通性、语意不甚明确，这样就使得谈话变得有趣起来，同事间的交谈也更有情趣。

特别是在工作紧张的时候，你说一个小幽默开开玩笑，不仅可以有效缓解紧张气氛，帮助同事放松神经，还能让你的形象也变得更可爱、更亲切。

林先生所在的部门正在做一个大项目，全体人员绷紧了神经。

熬到了午饭时间，一位美国同事不小心把可乐打翻了，汉堡也滚落到地上。她为此大为恼火，一边清理一边不停地唠叨说，蟑螂部队准保会在下午大规模地袭击办公室。

这时，林先生微笑着说："绝对不会发生这种事，因为我们中国的蟑螂只爱吃中餐！"美国同事听了，哈哈大笑。

就这样轻松的一句幽默，消除了同事心中的怨气，使紧张的工作气氛得以放松，也让接下来的工作更有效率。

当然，我们跟同事不能无所顾忌地乱开玩笑，应该注意把握分寸、分清场合。特别是外国同事，开玩笑更要谨慎一些，应该先了解国与国之间的文化背景和职场习惯，因为某些文化差异可能会令你陷入尴尬的境地。

作为一名职场人士，建立良好的职场关系，得到同事的尊重，无疑对你的生存和发展有着重要的意义。而且，人际关系和谐，工作环境也会变得轻松愉快，这会帮助你忘记工作的单调和乏味，用良好的心态去面对工作，面对生活。

4. 异性间如何幽默说笑

俗话说："男女搭配，干活不累。"这话说得很对，职场中，男女同事保持正常交往，能大大提高工作效率。不过，男女同事毕竟存在性别差异，要把握彼此的关系可不简单。男女有别，有些事情很敏感，不能过于随便，就算幽默表达，也不能过分。一旦没有把握好幽默的对象和内容，不仅会招致对方的反感，还可能影响自己的名誉。

假如你喜欢开玩笑，希望通过开玩笑来缓和气氛，那就要记住，职场交往不是同学聚会，更不是在自己家的客厅，玩笑一定要把握火候，莫要开得太过分。

跟异性同事开玩笑，我们要严格把握分寸，不管在内容还是方式上，都要充分考虑异性的接受范围，努力使自己的言行符合接受者的性别特点。下面这个小故事，就是值得学习的幽默案例，大家可以借鉴。

在一次宴会上，达尔文和一位迷人的女士亲切地攀谈着。

女士嬉笑着问道："亲爱的达尔文先生，听说您曾断言，人类都是由猴子变来的。那么，我是不是也属于您的论断之列呢？"

达尔文彬彬有礼地回答："那当然。"

听他这么回答，女士有些不悦，板着脸问道："怎么，您看我跟猴子很像？"

达尔文见状，微笑道："是的，不过，您不是由普通的猴子变来的，而是由长得非常漂亮迷人的猴子变来的。"

女士听了这话，顿时笑了起来。

达尔文的幽默极其简单，可以看作一种微笑式的称赞。但是，这种简单的幽默可以取得非常不错的效果，不仅能让你坚持自己的观点，还能巧妙地赢得对方的好感。跟异性同事相处，借助这种幽默的方法称赞对方，通常可以迅速拉近彼此间的距离。当然，把距离拉得太近，表达语气太黏腻也是不宜的，那样会有油嘴滑舌、调戏异性同事之嫌。

在航空俱乐部的一次宴会上，某青年军官被一位漂亮的空姐迷住了。那位空姐身穿晚礼服，胸部微露，颈上戴着一个闪闪发光的金色小飞机的项链。

看到女孩白皙、丰满的胸部，青年军官难为情地低下了头。空姐好奇地问道："怎么，你喜欢这个金飞机？"

青年军官犹豫了一下，终于鼓起勇气小声说："小飞机是很漂亮，可更漂亮的是……机场。"空姐愣了一下，开心地笑了。

青年军官的这个小幽默，明显带有"色"的味道，但是，他对分寸把握得十分好，他没有俗不可耐地说"更漂亮的是你的胸部"。这个答案让空姐非常意外，很难不为小伙子憨实的风趣所吸引。

当然，这种幽默必须足够真诚，自尊自重，假如你摆出一副垂涎欲滴的样子开这类玩笑，那可就太不妥当了。

马场领导带着新来不久的女下属骑马巡视马场。走着走着，眼前出现两匹马儿，一公一母，它们竟然交颈亲热起来。马场领导满脸向往地对女下属说："你看，那正是我想做的。"

女下属没有生气，而是咯咯一笑，爽朗地说："尽管去做吧……反正它们都是属于你的。"

很明显，领导想要趁机占女下属的便宜，提出了一种很不礼貌的暧昧暗示。对此，女下属没有直接斥责，而是故意装糊涂、开玩笑，让领导吃了个大软钉。这种反击式的幽默，对于应付职场骚扰非常管用，紧抓住对方言辞的小辫子予以反击，比迎头给他泼一盆冷水更有效。

有的男同事喜欢在女同事面前说黄色笑话，这是很不得体的，这会降低自己的人格，也会让对方认为你在意图勾引，对你的印象会因此大打折扣。还有一些低级笑话，对于同事沟通根本毫无益处，还会降低你的水准。

至于究竟什么是高雅的，什么是低级趣味的，各人的标准和反应各不相同。因此，在跟不同的异性同事开玩笑时，你一定要懂得察言观色。假如对方没笑，甚至不高兴，就要及时收回自己的话，以免引起不必要的误会。

除了幽默，利用自己性别方面的优势去帮异性同事一把，也能使双方愉快共事。比如，男性能承受艰苦劳累的工作，善于理性地分析并解决问题等；而女性则有更多耐心，做事细心、有条理等。所以，男女同事一起工作时，男性应该主动分担一些女性不太擅长的差事，而女性则要多做些细节方面的工作，这对促进同事关系会大有裨益。

5. 分享你的欢乐

欣赏别人，跟大家一起笑，这是与人沟通的一个重要途径。身在职场，如果懂得欣赏同事，跟同事分享欢乐，那我们就能让别人了解我们，并跟我们建立共同的志趣、共同的目标。而美国式幽默，可以让你更有亲和力。

有一位拳击手，在一次拳击比赛中以幽默而享誉拳坛。他在同对手较量到第二回合时，头部被打了一拳，倒在地上。对手在他身边跳来跳去，准备在他爬起来后给他更致命的一击。谁知这位拳击手爬起来后，笑嘻嘻地跟对手说："我把你吓坏了吧？"

对手不解地眨着眼睛。

他继续说："你一定吓坏了，你担心会把我打死。"

那位对手松开咬紧的牙关，被逗笑了。

比赛继续进行。虽然在台上他们仍然是对手，但是比赛结束后，人们却发现他们互相搀扶着走进一家酒吧，成了一对知心朋友。

从那以后，他们俩尽量避免同台交锋；他们共同研究战术，打败了一个在当时气焰非常嚣张的拳王。

当然，我们不可能欣赏所有的人和所有的事。通常我们只会欣赏那些能在感情上让我们接受的人和事。对那些无法容忍的人和事，我们很难去欣赏。更多的时候，由于受到生活的种种压抑，我们免不了要发泄、抱怨。

抱怨不是好事，没人喜欢抱怨，但假如你采用幽默的方式进行抱怨，那它就会明朗而有力，并且不至于破坏自己的情绪。公司总裁、部门经理、业务主管、团体负责人、计划主持者等身居领导地位的人，常常会成为幽默抱怨的目标。比如，我们经常能听到这样的抱怨：

"嗯哼，我服了。我不得不佩服那些政治家们，他们回避重大问题的技巧太高明了！"

"你发现总统最近有点反常吗？他处理问题变得更谨慎了，大概想跟第12任总统泰勒比比谁更伟大吧！"

大概所有的美国总统都被人开过类似的玩笑，不管是他的个性、他的政策、他的成就，都曾被人们作为开玩笑的题材。在公司情形也一样。

有一次，在一个公共集会上，有3个年轻人谈论各自的领导：

第一个说："看来我在我们公司已经没有前途了，我的领导没有女儿。"

第二个说："我们领导人还算不错，他为职员做的事情可以用小指头数出来。"

第三个说："我们领导有些诈，但也很公平，因为他对所有人都那么诈。"

类似的抱怨不胜枚举，而大部分领导阶层也能接受下属向他发泄的抱怨。有的不仅能够接受，还会回报以玩笑。

有一位人事经理准备举行金婚纪念宴会。他特意向领导请一天假，他说："我跟您不同，您结过三次婚，金婚纪念日自然比我多。"

领导说："就算真的这样，你最好也不要每隔50年就来烦我一次。"

有一个推销员一心想得到升迁，他去找领导说："我干得一点也不赖，这是有目共睹的。我真担心您的眼睛患了急性近视症或者慢性黏膜炎。"

领导微笑着说："好吧！我考虑一下该让你去哪个部门当负责人。不过，在这之前10年里你得努力工作。"

这就是所谓美国式的抱怨，它可以触及对方的痛处，但又不会让对方跳起来。假如他真的跳起来，那只能说明他是一个心胸狭窄、不能正视问题的人。

同时，这种抱怨也可以改善我们自己的心情，在借助幽默打消对方敌意的同时，它还可以打消我们对生活的敌意。我们要尽量消除对周围人或事的敌意，因为它是一种可以置人于死地的毒素，一旦放任，它就会毁掉我们的生活。

当同事取笑我们的时候，最能够平息风波的办法是跟着他一起取笑你自己。假如你是一位领导者，就要表现出开明豁达的领导者风度。当然，这种笑并不是指以自己为中心，而是以关心他人为前提，以幽默的方式来邀请他人跟你一起笑。

即便是荒谬的话语，也能因其趣味性而增进个人工作的价值，并且有效驱逐挫折感，这就是幽默力。下面两位保险公司业务员的推销语言可以说明这一点。

有两个推销保险的人，他们争相夸耀自己的保险公司付款有多快。

第一个说："我的保险公司十次有九次都很及时，在意外发生当天就能把支票送到保险人手里。"

"那算什么！"第二个很不屑，他骄傲地说，"我们公司在纽约大厦的二十三层。这栋大厦一共有四十层，有一天，我们的一个投保人从顶楼跳下来，在他经过二十三层的瞬间，我们就把支票交给他了。"

我们跟同事开玩笑，给同事送上欢乐，跟同事一同笑。其实，我们完全可以用更轻松、更坦诚的与人分享的态度，把欢乐传递出去，让所有的人都得到好心情。

6. 赢得赏识的绝妙主意

对于许多职场人士来说，最大的苦恼莫过于工作很卖力，却得不到领导的赏识。如果要获得领导的赏识，我们就要主动拉近跟领导的距离。当然，谁也不能否认要消除跟领导的距离感首先要做好工作，甚至做得十全十美，这样领导才会觉得你是一个有用的下属。

但是，只懂得埋头苦干并不一定会得到领导的赏识。美国人力资源管理专家科尔曼提出："职员能否得到提升，很大程度上不在于是否努力，而在于领导对你的赏识程度。"

那么，如何才能得领导的赏识呢？

假如你因为得不到领导的赏识而苦恼或者想在公司有一番作为，那你不妨将跟领导的交流方式化严肃为风趣，说不定会取得出人意料的效果。

一个年轻人在找工作，他来到麦当劳应聘钟点工。领导问他："你会做什么？"他说："我什么都不会，不过我会唱歌。"

领导说："你就唱一首歌试试吧。"于是，他就开始唱歌了："更多选择，更多欢笑，就在麦当劳！"

领导一听就笑了，随后又问了他一些对于麦当劳有什么了解之类的问题。最后，年轻人被顺利录用了。

上面的例子中，年轻人在面试中借助了幽默的力量。他以唱歌的方式说出了麦当劳的广告语，不仅顺利博得领导一笑，同时还获得了领导的好感。

我们再来看一段职员与经理之间的对话：

职员："经理，您实在是热爱工作的人！"
经理："我正在琢磨这句话的含意。"
职员："因为您一直都紧紧地盯着我们，看我们有没有正在工作。"

职员通过跟经理开玩笑，不经意间就拉近了跟经理的距离，况且经理也是一个幽默的人。

跟领导开玩笑一定要把握好时机，最好能够抓住跟领导面对面谈些风趣的俏皮话的机会。比如，俩人一起等电梯或者在卫生间一起洗手都是大好时机。另外，幽默地"冒犯"领导也是拉近彼此距离的好办法。

即使是以沉默严谨而著称的美国总统柯立芝，也曾被人用幽默的方式"冒犯"过。

有一次，柯立芝总统去华盛顿国家剧院看戏剧演出。

看到一半的时候，总统就开始打瞌睡了。演员马克停下歌唱，走到前排，提高音量对总统喊道："总统先生，是不是到了您睡觉的时间了？"

总统睁开眼睛，环顾四周，终于意识到这话是冲着自己来的。他站起身来，微笑着说："不，因为我知道今天要来看你的演出，所以一夜没睡好，请继续唱下去吧！"

马克并没有因此开罪总统，相反，他倒成了总统的好朋友。这则对话不仅表现了演员直言不讳的幽默，也展示了柯立芝总统的机敏和幽默感。不难看出，适时适度地使用"以下犯上"的幽默，往往能够拉近跟领导的距离，赢得领导的理解和信任。

当工作太累的时候，很多职员都会偷个小懒，这时如果被领导抓了个现行，你会怎么应对呢？

有一个建筑工地的工人被安排去搬运东西，可是他每次只搬一点。工头实在看不过去，不得不开口说话。

工头："你在做什么？你看别人每次都搬那么重的东西！"

工人："嗯哼，假如他们要懒到不像我搬这么多回，我也拿他们没办法。"

幽默的狡辩，工头也被逗笑了。

工人以幽默的语言为自己的偷懒行为狡辩，领导就算会批评他，也会比较随和，责罚也会轻一些。如果你对于装疯卖傻的演技颇有心得，那么不妨也在对你颇有微词的领导面前，以若无其事的样子告诉他这样的话："幸好我已经娶老婆了。"当然，你的领导很难理解你这一句话的意思，必定是一脸茫然的样子。这种时候，你可以如同自言自语一般对自己说："所以，我现在才能习惯别人对我的唠叨……"

的确，幽默有时可以拉近跟领导的距离。不过，生活中任何事情没有绝对的，跟领导距离的远近也同样如此，距离太远或太近都是不合适的。假如一个人对分内工作不认真，成天围着领导转，只知道说好话、空话，刻意巴结奉承领导；或者整天坐在那里等领导安排工作，如同提线木偶一般，领导拽一下，他才动一动。这些行为是不可取的，这样的下属无形中被领导给疏远了。所以，在与领导接触和交流的过程中，用一些幽默技巧，可以保持与领导的合适距离，还能得到领导的赏识。

最后要特别提醒大家一点，溜须拍马不是幽默，千万不要走上溜须拍马的路，那会破坏自己的形象。

7. 超有魅力的领导艺术

据相关研究发现，有幽默感的主管往往更富有人性化色彩，也更容易得到下属的尊敬和爱戴，这就是幽默感越来越受到重视的原因所在。

毫无疑问，与古板严肃的主管相比，幽默的主管更易于跟下属打成一片。如果你想要身边的下属能够和自己齐心合作，那就尽量幽默一点儿，让自己看上去更加人性化。

在美国芝加哥，有一个专门制作和发行有关幽默训练方面电视片的机构。它现在正为12000家美国公司提供"幽默"服务，特别是公司的管理者，不管多忙，他们都会抽出一定的时间学习幽默管理。

聪明的主管明白，幽默不仅仅是儿童的把戏，只要自己能让下属们开心起来，跟手下的职员打成一片，公司的生产效率就会大幅度提高，而这是公司发展的原动力。

公司有一个职员经常迟到。主管把这个职员找来，面带笑容地对他说："你经常迟到，应该都是闹钟的问题。所以，我打算给你定制一个人性化的闹钟。"

"人性化的闹钟？"职员听了有些费解，不知道一个闹钟怎样会有

"人性化"。

"好吧，我给你具体解释一下。"主管对职员眨了一下眼睛，轻松地说，"它先闹铃，你要是不醒，它就鸣笛；再不醒，它就敲锣；再不醒，就发出爆炸声；还是无效，它就对你喷水。假如这些都叫不醒你，那它就会自动打电话给我帮你请假。"

遇到经常迟到的下属，绝大多数管理者都会给予严厉的批评，而且一次比一次严厉，甚至下达最后"通缉令""再迟到明天就不要来了。"

当然，在进行管理的过程中，批评与责备是免不了的，但在某些场合，指责和批评很难取得好的管理效果。而这位主管通过幽默的方式侧面给予批评，通过满面的笑容来进行管理，这不仅淡化了批评与责备的意味，保全了对方的自尊，并且达到了管理的目的。从另一方面来说，这种管理往往更容易打动下属，让他自觉、自省，并积极改掉自身的毛病。

卢瑟福有个学生，总是不眠不休地待在实验室里。某天深夜，卢瑟福无意中又在实验室里看到了他。

卢瑟福问道："这么晚了，你还在这儿做什么？"

"我在工作。"学生满脸得意地回答，很为自己的勤奋感到自豪。

"那你白天都在做什么呢？"

"白天也在工作。"

"那么早上起来呢？"

"当然，教授，我早晨也是在工作。"说到这儿，这名学生越发得意了。

这名学生本以为，接下来老师一定会夸赞他，谁知卢瑟福竟然微笑着说："请问，你用什么时间来进行思考呢？"

　　擅长工作的职员，首先会先思考最佳解决方法，努力争取高效率短时间地解决问题。可是，总有个别职员像卢瑟福的学生一样，觉得马不停蹄地工作就可以得到领导的赏识。这是大错特错的。

　　假如你的公司里就有这样"死脑筋"的下属，你不必直接劝他休息一下，把精力放在提高工作效率上，而应该学学卢瑟福，用幽默的口气反问对方，让他自己去领悟。这样劝阻的方式既自然、轻松，又富有哲理，很容易让职员在微笑中接纳你的建议。

　　总经理吩咐女秘书，要尽快把一份商业保密文件打出来。可是，女秘书的状态非常糟糕，她马马虎虎地把文件打完，稀里糊涂地交了差。

　　看到错漏百出的文件后，总经理故作调侃地说道："小姐，尽管我告诉你这是一份商业保密文件，但你也没有必要如此认真听话，竟然瞧也不瞧，闭着眼睛就把它打了出来。"

　　任谁都听得出，总经理说的是一句反话。从字面上看，他好像在夸赞女秘书打字技术高超，可实质上，他是暗示文件打得太差。这位总经理是位聪明的管理者，尽管跟秘书是领导和下属的关系，可要是批评、指责得太过直接的话，还是会对双方的关系造成负面影响。于是，他通过幽默暗示表达了自己的不满，对下属的消极态度进行了委婉的批评。

　　当然，发挥幽默还应该先看清场合和条件。假如当时的条件并不具备，你却要尽力表现出幽默，其结果往往会勉为其难，大家甚至会为了是否有必要发笑来附和你而感到左右为难。这会令双方都陷入更尴尬的境地，也不利于跟下属打成一片。

最后，还要提醒各位管理者，管理型的幽默应该尽量做到高雅，内容也要积极健康、乐观向上。乐观积极的幽默，可以给予下属正面、积极的引导，使上下属关系更加和谐，工作效率也会随之提高。反之，假如幽默太过低俗、消极，整个公司的氛围也会受到不好的影响。

第五章

打动客户要懂推销的艺术

进入职场，要学会跟客户做朋友，这对人际关系的积累是至关重要的。有的人喜欢直接进行销售，这并不好。要知道，产品是冷冰冰的，生意是冷冰冰的，但人是有血有肉的，所以，说一些暖心的话很有必要。本章将讲述如何使用充满温情的语言推销商品，如何跟你的客户成为好朋友，如何赢得更多有益的人脉。

1. 销售初次见面说什么

说话办事打交道时，往往不宜直入主题，而是要先客套一下。客套虽然多数说的都是废话，但是却能在很大程度上拉近彼此的距离，进而影响到后面的沟通。

客套话是表示客气而与人说的话，它是人际交往的润滑剂。它能使不相识的人相互认识，使不熟悉的人相互熟悉，同时还会使沉闷的气氛变得活跃。特别是初次见面，几句合适的客套话会快速使气氛变得融洽。

对于销售员来说，在正式的销售开始之前，几句客套话能拉近你与客户之间的心理距离，为后面的销售活动打下良好的基础。

"当客户愿意与你沟通的时候，你就相当于成功了一半。"这是日本销售传奇人物原一平总结出来的至理名言。对于销售人员来说，拉近与客户的心理距离是促成销售成功的第一步。

缩短与客户的心理距离可以采用多种方法，其中重要方法之一就是利用语言技巧。与人谈话的目的通常是为了沟通思想、增长知识、联络感情，或是为了达成交易。出于这些目的，人们都希望通过与对方交谈，使自己的思想、情感、观念和条件为对方所接受，同时也希望对方能把自己当成真正的朋友，向自己倾诉肺腑之言，说出内心世界的真实想法。但是，在现代社会中，由于生活节奏的加快和生活圈的局限等多种因素，每个人对外都是有一定封闭性的，很难向人敞开心扉畅所欲言。所以就需要在交谈中，设法激发和引导对方谈话。

在销售环节，销售人员更要善于利用语言技巧达成销售。与客户见面，通常都要说一些客套话，比如，您好、您留步、您慢走等。看下面这个事例：

销售经理在公司展厅迎接客户，当客户到来时，他疾步上前："您好，您是王总吧。您气色真棒！"（上前握手）"薛总，您好，不好意思，劳您大驾，辛苦！辛苦！我们的李总正在忙，所以我先来和您谈一下！我是公司的销售经理，姓胡。""包经理，您好，您好，您人脉宽广，认识人多，以后请您多关照！"这次联谊会取得了圆满成功。客户都被销售经理的客套话奉承得舒舒服服。

再看下面这个事例：

乔小姐：李经理吧，您好！欢迎来此参观访问，我是这次参观访问的接待人，我叫乔静。

李经理：好的，没有问题，谢谢你，乔小姐。

乔小姐：客气了，李经理，您这么年轻，能够独当一面，真是厉害呀！可谓年轻有为！

李经理：你真会说话，过奖了。我们的生意还需要大家关照。

乔小姐：现在生意不好做，您还做得有声有色，确实是厉害，佩服！

佩服！

李经理：呵呵，好说，找机会我们合作……

宾主双方就在这种融洽的气氛中愉快地交谈着。

销售人员的客套话就是首先让客户接受自己，并在彼此之间建立一种友好关系。适当的客套话是可以起到这种作用的。与客户的距离拉近了，客户才愿意听你说话，你也才能更加详细地介绍自己的产品。

在此基础上，如果你成功让你的产品吸引了客户的注意力，他就可能产生兴趣，进而激起购买的欲望。因此，与客户见面，一定要先说客套话，拉近彼此的距离，然后再慢慢展开谈话。

在说客套话时，要注意几点：首先，态度一定要诚恳，这样才能为交谈注入融洽的氛围。其次，要看准对象，对不同的人要说不同的话。再次，要注意场合，不同的场合，要使用不同的客套话。最后，说客套话还要注意地域差别。这一点也很重要，要求销售员要有丰富的人生阅历。大家只要兼顾到了这些要点，相信就能在与客户打交道中说好客套话。

2. 唠家常是个好办法

俗话说"心急吃不了热豆腐"，这句话同样适用于销售活动。确实，多数的销售活动都不适于一开始就直奔主题，而通常要先预热一下，拉近与客户的距离，循序渐进地与客户沟通，然后再找时机谈正题，这样才有可能取得预期的、令人满意的效果。如果一开始就贸然直奔主题，不但不会取得客户的好感和信任，反而可能会让客户怀疑你动机不纯，甚至可能会吓跑客户，使销售终止。

另有一个调查可以佐证这种说法。调查表明，我国一线定点销售人员中有92.7%是女性。女性性格有别于男性性格的三项就是耐心、细致以及韧性。销售活动需要这几项独属于女性的特征来使其更顺利地进行下去。

绝大多数客户都希望得到优质的服务，而不是一开始就被询问是否需要某项产品，所以销售员不要在客户面前急于表露自己的销售意图，否则极容易适得其反。

看下面这个事例：

一个保险推销员去拜访一位认识但不熟悉的客户。一见面这个保险推销员没有说明来意，而是与客户寒暄起来："孟先生，您好，贸然打扰，谢谢您抽空见我，这是我的名片，请多照顾。"

客户接过名片，看了看说道："哦，曹经理，客气了。我们虽然不熟悉，但也见过几次面，谈不上贸然打扰。"

曹经理说道："我知道您在政府机关上班，工作朝九晚五，很规律，但不知您平时都有哪些休闲活动？"

"哦，近段时间比较充实，每周要抽出两个晚上去上管理培训课。休息日则带孩子去公园或者动物园玩。"

"嗯，是比较充实，白天上班，晚上还要充电学习，真积极上进，佩服。您父母就您一个孩子吗？"曹经理又问道。

"不是，我还有一个哥哥，一个姐姐，我排行最末。"孟先生回答道。

"哦，那他们都在哪里高就，与您一样，也在政府上班吗？"曹经理紧接着问道。

"不是，我哥哥在国企药厂上班，我姐姐在银行上班。"

"都是好工作，真让人羡慕。"曹经理附和着说道。

"您平时有理财的习惯吗？都做了哪些理财呢？"曹经理问道。

"几乎没做什么理财，不太懂，除了花销外也没有多少闲钱。不过保险倒是上了。"孟先生有些无奈地说道。

"哦，您上保险了，是吗？"曹经理问道。

"是的，我有保险，单位给上的。不过我太太和孩子没有保险。"孟先生认真地回答道。

"孟先生，保险不像理财要量力而行，作为朋友，我认为您需要给您的太太和孩子上一份保险。这是对她们未来生活的一份保障，是很重要的。您说呢？"曹经理渐渐引入正题。

"嗯，我知道在现代商业社会保险是必要的，您是保险业人士，肯定了解得比我清楚。您告诉我一个人一年大约要交多少保险费？"孟先生问道。

"这要看您具体选择什么保险？不同的险种缴费是不一样的，需要承担的责任也不同。一般来说，像您这样的家庭……"曹经理开始了对公司保险险种的介绍。

孟先生一边仔细听着，一边沉思。最后，曹经理告辞时，孟先生要求他明天带两份保险合同来家里洽谈。

这个事例中，聪明的曹经理在和客户交谈时，没有贸然推销保险，而是采取了循序渐进的方式，先是与客户寒暄，然后唠家常，拉近了与客户的距离，获得客户的信任后才进入正题，最后成功取得了客户的信任，为后面的销售打下了良好的基础。

3. 关心你的客户

相信每一个人都喜欢和真诚关心他人的人交往，没有人喜欢无情的人。作为销售人员，如果从一开始接触客户时，就能够从客户角度出发为客户着想，说一些关心客户的话，那么一定会很容易引起客户情感上的共鸣。实际上，现代销售理论认为这些也是一个销售员必备的素质之一，是销售员获得成功的思想基础。

在这方面，世界上有很多著名的销售员已经做出了很好的表率。他们都真心实意地关心着自己的每一位客户，有些销售员甚至和自己的客户成了十分亲密的朋友，比如美国的汽车推销大王乔·吉拉德、日本的保险推销大王原一平都是这方面的代表。

从客户角度出发，真心为客户着想，已经成为这些世界知名推销员的行动指南。从中我们不难得出一个结论，那就是，如果一个销售员想要取得好的业绩，就要学会从客户的角度出发，真心关心客户，为客户着想。只有这样，客户才会感受到你的真诚，进而和你拉近关系，直至你们成为亲密的朋友。

郭庆是国内一家大型保险公司的普通销售员，他深谙这个伟大的销售思想，也一直秉持这种思想为人处世。

一次，郭庆去拜访一位陌生客户。他敲响了客户的房门。门很快打开了，给他开门的是一位面容憔悴的中年妇女。阅人无数的郭庆一看便知她一定是整日不停地为家庭、孩子操心，他想以真心的关怀和她展开交谈。

郭庆真心诚意地对女客户说："看您的样子，一定为家庭和孩子操碎了心，有您这样负责任的母亲，您的孩子一定会有出息的，您的丈夫也一定非常幸福，因为有您为他操劳。有您在，一切都会更好的。"

听了郭庆的一番发自肺腑的真诚赞美后，女主人放下了对陌生人的戒备之心，请郭庆进屋就座交谈。交谈中，女主人告诉郭庆自己确实如郭庆所言为家庭和孩子忙碌操劳。她说自己的丈夫事业有成，而且目前前景不错，算得上是一个成功人士；孩子学习也很好，只是自己身体不是很好，并患有糖尿病，只能在家照顾一下孩子。

听到这儿，郭庆以关心的口吻安慰女客户："您同您的丈夫同样伟大，因为每一个成功男人的背后都有一个伟大的女人。您的贤惠、勤俭持家是对您丈夫事业的最有力的支持，我真羡慕您的丈夫有您这样一位善良、能干的妻子。但您一定要注意身体，身体健康是非常重要的。糖尿病虽然不算什么大病，但也一定要注意保养。调理好了，同样可以长寿。您想一想，只有您身体健康，您的丈夫才能安下心在外面打拼！"

郭庆的真诚话语打动了女客户，使她感受到了来自对方的真挚的关怀。经过几次交往，他们成了非常好的朋友，女客户的丈夫从郭庆那里给自己和家人都买了份保险。

每个人都需要别人真诚的关心。关心的话语使人感到温暖，有力量。作为一个销售员，更要懂得真诚关心每一位客户，并且以适当的语言将这种真诚表达出来，让客户感受到来自你真心实意的关心。

关心是相互的，在感受到了你真诚的关心后，客户也会投之以桃，报之以李，适时表现出对你关心的谢意，信赖你，愿意购买你的产品，接受你的服务。

如何才能做到真心为客户着想，进而打动客户，拉近彼此的距离呢？可参照下面的几个建议进行。

第一，树立起尊重客户的心理。每个人都希望自己能得到他人的尊重，这是毋庸置疑的。作为销售人员，如果真心为客户着想，首先就要树立尊重客户的心理。在与客户的交流中，真心地尊重客户，满足客户的情感需要，并努力让客户感受到你的真心，这样双方才有可能建立起一种友好亲近的关系。

第二，将客户当作亲人对待。如果销售员能够做到将客户当作亲人对待，那么就会真心为对方着想，为其提供真诚的建议，提供质量优良的产品和周到完善的服务。而受到这样服务的客户也定会被你的真心所打动。

第三，给客户提供真诚的建议。销售员不要为了自己一时的利益而采取各种手段蒙骗客户。即使蒙骗成功，客户购买了你的产品，但你的这种成功是暂时的，你的这种交易属于一锤子买卖，定然不会长久。销售的目的是为客户带来他们真正需要的产品和服务，并从中获得利益，所以要了解客户的真实需求，并在此基础上给客户提供真诚的建议。

第四，坦诚相待，如实介绍产品。在给客户介绍产品和服务时，不要有所欺瞒，也不要故弄玄虚，而要坦诚相待，如实介绍产品和服务的优缺点。让客户了解清楚产品和服务的真实面貌，以便客户做出取舍决定。这样才能用自己的真心打动客户，拉近彼此的距离，进而取信于客户，将生意做成、做长久。

4. 请忘掉你的销售目的

　　销售员和客户的谈话适宜在友好和谐的气氛下进行，这是毋庸置疑的。在这种气氛下，双方的谈话就好像是在一对好朋友之间进行，客户就好像在与一个知己进行交谈，这显然会大大有利于销售活动。但如何才能让客户感觉与销售员的谈话就像在与知己进行谈话呢？

　　作为销售人员来说，当然要想办法拉近彼此的心理距离，要努力寻找彼此共同关心的话题。一旦发现对方对自己现在所说的话题不感兴趣，一定要及时打住，而去寻找对方感兴趣的话题。

　　让客户感觉像是在与知己进行谈话，对销售人员有什么好处呢？看看下面这个事例便可知晓。

　　富特是一位保险推销员，他善于与人沟通，也乐于与人打交道。一次他去拜访一位富翁，他希望这位富翁可以买他所推销的保险。两个人一见面，富特就施展开自己善于与人打交道的本领，与富翁交谈起来。

　　俩人从上午10点谈起，一直谈到下午5点，谈话持续了7个小时。富特告辞的时候，富翁意犹未尽，非常高兴地说："咱们谈了那么长时间，我怎么感觉好像只谈了10分钟。真是不可思议！"

第二天下午，这样的谈话像第一天那样在友好和谐的气氛下进行。俩人从下午2点谈到晚上8点，仍感觉有很多共同感兴趣的话题没有谈完，此时的他们就像好久没有见面的老朋友。

第三天，老朋友式的谈话进行了更长的时间，此时，富翁已经不把富特当作一名销售员，而视之为无话不谈的老朋友。他敞开心扉，将自己以往的经历像讲故事似的一股脑讲给富特听，而此时富特不需要再说什么，只需要专心倾听，偶尔询问上一两句，或者赞美几句。

最终，富翁才想起富特还是一名保险推销员，不过此时他已经不介意对方是什么身份了，他给家人买了一份巨额寿险，也为自己的生意买了份意外险。

富特成功了，他的情感投资让他得到了一份丰厚的回报。

销售员如果能成功拉近与客户的心理距离，让客户感觉好像是在与知己进行谈话，那么客户自然会敞开心扉，向你传达更多有用的信息。这自然有利于后面销售活动的展开。

如果客户抛开生意上的谈判，而找你进行与此关系不大的聊天，说明他正试图与你交朋友，至少他对你抱有好感。这时，你要找准位置，定好角色，扮演好客户倾吐的对象，贴心知己。

这种角色的扮演并不是轻而易举的，它需要你具备一定的素质。在进行这样的谈话时，通常要注意下面这些事项：

首先，要避免急功近利。这个要求在你与客户初接触时，尤其要引起注意。多位经验丰富的销售人员都认为，在跟客户接触初期，一定要使自己的目的模糊化，而要使客户的需求清晰化。这不难理解，在跟客户接触初期，如果让客户感觉到你有强烈的目的性，就是希望他购买你的产品，他自然会对你有所抵触，甚至反感。很多时候，不那么急功近利，反而会更容易赢得接纳。

其次，要注重倾听而不是多说。销售员要明白一个道理，多说并不一定机会就多，要学会倾听。销售员的一项重要工作就是要学会倾听别人的心声。把耳朵而不是嘴巴给别人才是聪明之举。对客户说他不感兴趣的话题，远不如对客户说："能不能将您的想法告诉我？"当客户谈论起他感兴趣的话题时，销售人员此时最应该做的就是安安静静地倾听，只有这样才能让客户进一步对你产生好感。

再次，记住不要打断客户的话。在客户说话时，销售人员切记不要打断，如果妄加打断，往往会令客户恼火，合作的事也多半会泡汤。有一些自作聪明的销售人员喜欢打断客户的话，然后大谈特谈自己的高明见解，妄加评论，这种做法往往令客户反感，甚至令其转身离开，因此，一定不要做这样的傻事。

最后，还要准确判断客户的兴奋点。由于每个人性格不同，经历不同，知识体系不同，彼此感兴趣的话题也就有所不同。作为销售人员，要争取准确判断客户的兴奋点在哪里，对哪些话题感兴趣，然后主动围绕这些话题展开对话，让对方逐渐接纳你。

5. 让客户产生好奇

好奇心是一种特殊的心理现象，它多产生于外界事物对大脑的刺激，使大脑的某些区域处于一种亢奋状态，进而使人对外界事物产生想关注的心态。在好奇心的刺激下，人容易产生一种做出某种行为的冲动，进一步发展，就会变成为一种有目的的举动。

在销售中，好奇心这种特殊的心理现象也被销售人员应用到销售策略中。如果能够唤起客户对你或者你所销售的产品的好奇心来，换句话说，如果能引起他们对你和你所销售产品的关注，那么就建立起了成功销售的基础。

一个销售员是这样唤起客户对自己的好奇心的。由于这位客户不愿见销售员，于是这个聪明的销售员让客户的秘书给客户递进去一张纸条，上面写着：希望您能给我20分钟。我有一些生意上的问题想向您请教。这张字条唤起了客户的好奇心，他想知道这个推销员究竟想向自己请教什么问题，于是他就约见了这个销售员。

唤起客户的好奇心有多种方法，这里只谈用什么样的语言来唤起客户的好奇心。大家可参考下面两点：

第一，设置精彩的开场白。要引起客户对你和你所销售的产品的好奇心，一定要精心设计你们初次见面时的开场白，试想一下，如果你的开场白引起了客户的兴趣，客户的好奇心被唤起，那你的推销就成功了一半。反之，如果客户对你的开场白毫无兴趣，你还期待他们继续听下去吗？即使他们耐住性子听你说下去，估计对你的推销也不会有太大的兴趣。相关数据表明，在与客户的沟通中，客户从开场白中所获得的信息刺激要远远超过后面的信息。

可将开场白大略分为两种：一种是语言型的开场白，另外一种是行为展示型的开场白。

在采用语言型开场白的时候，注意说话时要去掉那些可有可无的修饰语，直接讲出产品的利益点，用它勾起客户的好奇心。因为客户最关注的就是产品的利益点。同时，在说话时，还要注意说话的方式以及面部表情，你要表现出足够的自信，声调和语速都要适中，一定不要表现得急功近利。

看下面这个事例：

英国苏格兰地区的一家皮鞋厂的销售人员，想把公司生产的皮鞋销售给伦敦一家大型连锁皮鞋店，他几次向这家皮鞋总店提出要拜访领导，都遭到了拒绝。

这一次他信心满满地又来到这家皮鞋总店准备再一次拜访鞋店领导。这位销售员之所以如此，是因为他事先了解到政府部门关于变更鞋业税收管理办法的消息，他认为鞋店可以利用这一管理办法节省很多费用。他来到这家皮鞋总店，大声对接待的工作人员说："请转告你们的领导，就说我有帮他发财的好办法，可以大大降低订货费用，而且还会名利双收！"

很快这个消息被报告给领导，领导立即决定见一见这个口出狂言的销售员。这个销售人员凭借精彩的开场白，成功激起客户的好奇心，获得了推销产品的机会。

行为展示型开场白就是用行为引起客户的好奇心，包括现场演示产品的使用方法，展示使用效果等，同精彩的语言型开场白一样，好的行为展示型开场白同样能勾起客户的好奇心。

一位销售消防用品的销售员，在见到客户时，没有急于说话，而是从自己的物品袋里拿出产品，然后将其放入一个纸袋里，再用火点燃。纸袋很快燃烧起来，并燃干净，可里面的防火用品却完好无损。这种独特的开场白显然会唤起客户的好奇心。

第二，巧妙向客户提问。作为销售常用手段之一，向客户提问是很有讲究的。如果你直接问客户需要什么产品或者服务，很多时候客户是表述不清楚的，也有的客户自己也不知道需要什么。但是如果你能用一个比较新奇的提问方式勾起客户的好奇心，客户多半会打开话匣子，这样推销活动便有了一个良好的开端。

最常用的巧妙向客户提问的方式是销售员制造一个悬念，激起客户的好奇心，引导客户提问，然后给予客户答案，在提问和回答中，自然而然地把自己的产品介绍给客户。需要注意的是，在运用这一方法时，一定要注意提问的方式，应该就对方注意的方面进行提问，而在提问时切记要将意思表达清楚，不要含糊不清或者闪烁其词，如果是这样的话，容易适得其反。

一位空调销售人员对客户说："您知道世界上最懒的东西是什么吗？"这个问题激起了客户的好奇心，他想了好一会儿也没能想到一个令自己满意的答案。于是他不得不向这个销售人员请教。这个销售人员不紧不慢地说:"就是您存在银行不用的钱啊!它们可以用来买我们的空调,伴您度过一个凉爽惬意的夏天,可如今它们却躺在银行里睡大觉,您说它们不是最懒的吗?"听到这儿,这位客户不禁哑然失笑。

再看一位地毯销售人员是如何唤起客户好奇心的。

他对一位潜在的客户说:"先生,您信不信,每天您只需花0.16元就可以使您的卧室铺上地毯。"这样的说法让这个客户感到有些惊奇。销售人员继续说:"让我给您算一笔账,假设您卧室有12平方米。我们公司销售的地毯价格为每平方米24.8元,这样您只需花297.8元就可将您的卧室铺上地毯。另外,我们的地毯寿命为5年,每年365天,这样平均每天的花费就是0.16元。"

这个销售员巧妙地向客户提问,制造出神秘气氛,成功引起对方的好奇,然后在解答客户疑问时,很巧妙地把产品介绍给客户。

好奇心是人所共有的天性,因此如果能够合理地利用好奇心,你就可以发展出更多的新客户,发现更多的需求,从而扩展自己的销售之路。

6. 没有什么比得上真诚

真诚是人与人交流的通行证，人只有表现出真诚，别人才会愿意和他进行交流。很难相信，一个不真诚的人会获得他人的好感，并且愿意和他交流。作为销售员，在与客户的交流中，更要讲究真诚，只有讲究真诚，才能让客户看到你的真心，进而愿意与你交流。

语气的真诚是不可忽视的一面，从说话的语气中流露出的真诚能够获得客户的认同和好感，在他们看来，语气真诚才代表你心口如一，才代表你真的真诚，从而愿意与你继续友好地交往下去。

在与客户交流时，如何通过语气表现自己的真诚呢？如果是与客户进行面对面的交流，可以利用面部表情和眼神来辅助语气发挥作用。

首先，交流时要面带微笑。微笑可以在极短的时间内打通陌生人之间的情感通道，是人际交往的润滑剂。在销售活动中，销售员面对的多是陌生的客户。如果在交流时，销售员脸上没有亲切的微笑，甚至是冷漠的表情，那么无论你的语气有多真诚，语言有多精辟，客户也会因为你僵硬的表情而与你心存隔阂，感受不到你的真诚。所以在与客户交流时，语气的真诚少不了微笑的辅助作用。

其次，要借助眼神的辅助作用。在与人交流时，要学会用眼神表达你的诚意，这也是辅助语气表现自己真诚的一种方式。作为销售人员，你与客户交流时可能会遭遇这样的窘境，你的语言是真诚的，态度也是诚恳的，但对方还是流露出不信任的神情，这是为什么呢？

原因可能是多方面的，你还需注意你的语气是否也是真诚的，你的眼神是否让客户感受到了真诚，其中眼神的真诚会起到辅助语气表现自己真诚的作用。注意眼神的辅助作用，就要在交流时尽可能让客户看到你的眼睛，通过眼神让客户看到你的诚意。

如果不是与客户面对面的交流，而是通过电话与客户交流，这种情况下，没有了表情和眼神的辅助作用，语气的表现尤其重要了。如何使语气的表现让对方觉得你很真诚呢？

首先，注意语气不能生硬。电话销售中，客户只能通过你的语言来了解你，了解你的产品和服务。因此这种情况下，你说话的语气关乎这次谈话的成功与否。一定要切记，语气不能生硬。

如今大多数经济体都是买方市场，因此很多客户喜欢以高姿态与销售员谈话，喜欢销售员放低姿态与他们交流。这种情况下，如果销售员说话的语气生硬，势必会引起客户的不满，并进一步认为销售员不想与他们交谈下去，从而关闭交流的通道。因此，销售员在与客户通过电话进行交流时，语气一定要委婉，让对方能听得出真诚，听得出尊重。

其次，注意语气不要过于夸张。在与客户通过电话交流，特别是与陌生客户进行电话交流时，如果语气过于夸张，对方会认为你在夸大其词，甚至是在欺骗，从而怀疑你的诚意。在这样的担心下，很难会有一个好的结果。所以在与客户进行电话交流时，避免语气夸张，宜以平和、谦逊的语气进行沟通交流。

最后，注意语气要流露出赞赏。你赞赏的语气会让电话那一边的客户真切地感受到。这份美意多半会让他对你产生好感，会让他觉得你很用心地了解他，也可能会让他有一种自我满足感，从而感受到你的真诚，并愿意与你合作。

总之，无论是与客户面对面地交流，还是通过电话进行交流，都要努力使自己的语气平和、谦逊，表露出真诚，再配以恰当的面部表情和眼神，最终使客户感受到真诚，为销售成功打下良好的基础。

7. 为你的产品插上翅膀

在与客户沟通时，充分调动客户的想象力是非常重要的，因为这样一来，他们对产品的印象会更深，理解也会更透彻。

A市一家以销售教育用品为主的公司想将教室黑板的照明设备卖给全市的小学。公司的一个销售人员想到一个好方法让问题迎刃而解。

该销售人员拿了根细钢棍出现在一个班级的黑板前，事先他已经成功地邀请到该市各小学的负责人齐聚于此。讲台上，他双手各持钢棍的两端，说："先生们，恕我冒昧，唐突进行这次表演。你们看，我用力弯这根细钢棍，它就会弯曲；但如果我不用力，它就又直了；但如果我用力很大，超过了它所能承受的力，它就会折断。孩子们的眼睛就像这根弯曲的钢棍。同样的道理，如果用眼超过了孩子们眼睛所能承受的最大限度，那么视力就会受到无法恢复的损坏，那将是一个巨大的损失。"

受到这次表演的启发，A市的大多数小学都与这个公司签订了采购教室黑板照明设备的合同。

我们再来看一个成功销售的案例：

电冰箱的销售人员在一次产品展销会上，当着很多客户的面点燃了一根火柴，说："我们推出的这款冰箱，工作时发出的声音如同这根火柴燃烧时发出的声音一样轻微。"

上述两个事例中的销售人员在与客户的沟通中，都用语言充分调动起了客户的想象力，让客户脑海中产生了对所描述事物的想象，从而产生认同产品的看法。

人的想象力是非常惊人的。由于对于同一个事物，不同的人会得出不同的看法，因此，销售人员要能够用专业的语言为客户的想象力打开一扇门，当然这扇门并不是无限宽大的，它将会为客户的想象力指引方向，引导客户朝着自己设定的方向想象，从而达到促进销售的目的。

在轮胎产品推荐会上，一个汽车轮胎销售员的话就很好地调动起了客户的想象力，他是这样说的："您开着车载着朋友以每小时80千米的速度行驶在国道上，突然在您前方的路上出现几道比较大的裂纹。您来不及减速，驱车直冲了过去。车剧烈颠簸起来，车上的人握紧了扶手。一阵剧烈颠簸之后，车终于驶过了这段糟糕的路程。您靠边停下车后和您的朋友急忙下车查看，除了轮胎上原先挂着的一些泥块被颠簸掉外，轮胎没有受到任何损伤，完好无缺。这就是我公司生产的轮胎。您大可放心使用，绝对的经久耐用，您只管握紧您的方向盘，把糟糕的路况放心交给它处理。"

这个销售员的精彩讲解充分调动起与会客户的想象力，让他们的脑海中产生了一个高质量、高性能的轮胎风雨无阻、驰骋无碍的画面，提高了说服力，增强了购买者的购买信心。

8. 学会讲美妙的故事

会讲故事是销售人员的一项销售技巧，体现了一种销售能力，一个巧妙的好故事可以让客户心甘情愿地掏腰包。实践表明，依据客户的购买心理量身打造的好故事，可以极大地提升销售人员和客户之间的情感，拉近彼此间的心理距离，进而为后面的销售行为打下有利基础。

这里所说的故事一般是指销售故事，通常包括成功销售的案例、客户购买商品之后的故事，以及销售人员根据所销售商品独特的卖点和为了引起客户注意而编织的故事。当然，企业的创业历史以及创始人的故事也在其之列。

客户来到海尔专卖店想买海尔冰箱，他问推销员："你们的冰箱质量有保证吗？"这个推销员没有直接回答客户，而是讲起了海尔总裁张瑞敏上任时砸冰箱的故事。这个故事让客户立刻对海尔冰箱产生了一种信赖感。

一般来说，那些能够传递商品感性信息的故事容易引起客户的情感认同。拿可口可乐的宣传故事为例，"将药水冲淡变成饮料"浓缩了可口可乐的故事，传递了可口可乐公司独特、创新的精神。客户在知道这个故事后会产生对异域文化的向往和猎奇心理，进而会产生购买欲望，这样就成全了可口可乐公司。

再看下面两个销售人员向客户销售产品所说的话：

销售员小丁说："这些是使用过这种机器的客户给我们发来的感谢信。您看，这封是来自山东一家食品厂的信件，他们说在使用了这种机器后，生产效率提高了1.5倍。还说操作起来也很安全方便，工人们都非常喜欢使用这种机器，因此厂里决定再增加订货。"

客户薛婷的皮肤敏感而且容易过敏，她购买化妆品，特别看重它的安全性。针对薛婷的情况，销售人员以自己朋友为例进行了劝购："我的一位关系亲密的朋友皮肤也容易过敏，也不敢轻易尝试新化妆品。不过她看见我们的一些商品上标示了'无添加成分'，非常感兴趣，就试着用了用，结果并没有出现不良反应，而且感觉很舒服。您也看一看商品的成分表，上面对成分标示得很清楚。另外，我对您这类的过敏肤质也有一定的经验，可以给您免费服务一次，您看看效果如何。"

这是以故事为客户提出更充分的购买理由，这样的理论加案例的销售方式增强了说服力。理论清楚，例证明确，让客户的心理安全需求得到了满足，也有利于客户做出客观量化的分析判断。

"钻石恒久远，一颗永留传"，这是DTC钻石广告。这句广告语背后隐含的故事寓意明显，能够给顾客以情感上的慰藉，进而刺激其购买需求。客户如果能够因为故事得到慰藉，那么掏钱购买也就成为自然而然的事情了。

有一家钻戒公司的销售员在和客户交流时，通常会讲述这样一个故事：

一对相爱至深的情侣坐在秋天公园的木凳上，周围是一片丰收的景象，枫叶在身边缓缓飘落。俩人含情脉脉地注视着对方。男孩拿出包装精致的首饰盒，打开，里面放着一枚闪闪发亮的钻戒。男孩郑重地拿出钻戒，小心地戴在了女孩的手指上。

在给客户讲故事之前，如果有可能，最好先倾听一下客户讲他的故事。这样你就可以从关于他的故事里面了解到他的价值观、购买喜好以及兴趣所在，为你后面的销售增加有利因素。看下面这个实例：

手表专柜前，销售员王莎在向客户推销手表，她发现客户佩戴的是一块国产的海鸥表。由此有了下面的一段对话。

王莎："先生，您的这款海鸥手表是国产经典手表，从款式上看，应该是早些时候流行过的吧？"

客户："不错，这是我妈妈十年前送给我的，那时，这款手表是很珍贵的礼物，我对这块手表有很深的感情。"

王莎："是妈妈送的礼物，当然珍贵。那您今天想买一款什么样式的手表呢？"

客户："明天是我妈妈六十大寿的日子，我想买一块好手表作为生日礼物送给她老人家。"

要注意的是，给客户讲的故事中一定要有与客户息息相关的信息，这样，就会在客户的头脑中建立起一种关联感。在此基础上，客户会自发地想象拥有了该项商品之后的一切，进而激发起购买欲望。

给客户讲故事要有明确的目的，要有的放矢。作为众多销售手段中的一种，这种促销售方式并不是万能的，它在销售过程中只起到画龙点睛的作用，目的是调动起客户的购买热情。因此，销售员给客户讲故事，要围绕着不同目的进行，一定不要在客户对商品还不了解的情况下，盲目地开讲。

对于销售人员来讲，如何将故事成功地运用到销售过程中是一个挑战，故事要感人，要能打动客户。销售人员要善于利用最有利的细节，创造最有冲击力的故事。在给客户讲述故事时，要让客户尽快进入到销售的情节中，以求达到销售的目的。

第六章

超有逻辑的职场说服艺术

遇到很好的机会，你一定想抓住吧？做出了成绩，你也会想要加薪吧？怎么跟领导提要求呢？怎么能让领导信服你所提的要求呢？这些问题对每个职场人士来说都是考验。如果说得好，得偿所愿，自此人生开启另一片天地；如果说得不好，则可能一无所获，还让领导反感。成败只在一说之间。本章将与你分享如何解决这些棘手的说服问题。

1. 将你想要的说出来

在等待机会的时候，年轻的朋友都听过一句话，就是"机会属于有准备的人"。可这个准备是什么呢？大部分职场人选择了打败对手。殊不知，这样的选择，会让自己变得急功近利，甚至做出伤害同事的举动。

销售部副经理离职了，大家都不意外，而且还人人精神抖擞。倒不是同事走了大家开心，而是岗位空缺，但凡有点实力的人都想搏上一把。公司很快出了政策，这次的空缺岗位，在现有的正式员工中选拔，先进行专业笔试，然后对通过者进行一个月的日常考察，最终确定人选。

由于竞聘标准门槛不高，许多人都符合要求。经过笔试，有五个人入围了，要说这五个人，个个都是部门里的精英，论业务能力始终排名在前，论专业知识都可以带领新人，论表现欲哪个都不在人后。就在同事们热议谁会胜出时，公司人力资源总监王扬宣布刘轩胜出。

这个结果大大出乎同事们的预料，因为观察期里他最低调，别人拉关系请托领导，他则一直没什么动静。怎么就是他，战胜了积极准备、努力表现的对手呢？

竞争对手甲和乙明显不服，丙和丁虽然表示祝贺，心里实在纳闷儿。心直口快的丙小姐，没憋住这份诧异，找刘轩探底去了。看着主动要求一起吃午饭的漂亮女生，刘轩笑笑："美女，有啥话说吧，不用请客我也会有什么讲什么的。"

丙小姐一看人家点破了话题，也就不再绕弯，嘿嘿笑着说："我就想知道，你是怎么战胜我们的。"

"谈不上战胜，竞聘不是打仗，竞聘人之间也不是敌我关系，如果我把大家当敌人，估计也不会竞聘成功。"刘轩笑着回答，"我只是没有和你们拼，而是和自己拼，把部门计划定得更严格一些，把工作目标定得更高一些，把自己的工作思路和领导沟通得更勤一些。"

丙小姐半信半疑：哪里会这么简单，他肯定还跟领导有什么接触。看对方疑惑的样子，刘轩继续道："没错，我还要做其他的功课。首先就是找出自身的不足，之后与相关领导沟通，请求他们帮助突破。主动沟通自己的缺陷，这不是暴露不足，是主动寻求援助。你看，我在人员管理方面，对年轻女性的管理不到位，方法上欠缺，我就找王总帮忙，向他请教如何管理年轻女员工；在管理思路方面，我了解得不足，我就找咱们销售部的张总，对他说我对企业的发展思路还是了解得不透彻，尤其是自己的工作，跟公司发展远景有什么关系结合不起来，请他给一些建议；在技术方面我还是外行，就找工程部孟总请教。所有这些沟通，都是我在竞聘考核期做的，我觉得不仅要工作好，还要懂沟通，这才是获得机会、把握机会的根源。"

丙小姐恍然大悟：原来人家把功夫下在了这些地方，而自己和其他人都用在了如何干掉对手上。能力不分伯仲的时候，竞技方法的巨大不同，直接影响到了领导的选择，这就是自己跟另外三个人失去了机会的原因。

　　在职场上拼搏，每个人都等待着那个属于自己的机会。只是，当机会出现时，我们往往会将竞争作为手段，忽视了能力的表现及沟通的重要性。如果想升职成功，我们不仅要敢于沟通，更要善于沟通，简单的"我想""我行"并不是沟通，只能算无效的呐喊。大家不妨这样来沟通：

　　第一，要，就主动说出来。对于机会，很多人都拭目以待，当机会来临的时候，只要你准备好了，你就有必要说出自己的欲望。此时，最重要的就是跟直接领导的沟通。得不到他的鼎力支持，你要获得机会就比较难。所以，升职沟通的第一步就是主动跟直接领导沟通。

　　当然，这个沟通不是你找到他，对他说"我想要这次的机会，您务必要支持我"，而是通过与领导沟通自己跟机会的差距，表明自己有信心克服自身的不足，争取这次的机会。你可以这样说："这次竞聘我决定参加，但我觉得自己跟竞聘岗位之间还是有点差距，希望您能以您的管理经验，给我一些建议。"如此的沟通，不仅能让领导了解了你参与竞争的明确态度，而且还表达了你期望获得支持的心情。

　　第二，说，就说得清楚明白。在你具备竞聘或升职资格的情况下，领导有时也会主动找你沟通。这个时候，你不要担心主动暴露自己对升职的渴望，对方会不会对你产生不好的想法，也不要顾虑自己的主动是否会招致反感。在沟通中表达想要的欲望，并不是一件坏事，更不是对领导的不尊敬。对任何一个领导来说，自己培养的人才被公司重用了都是值得骄傲的。

　　不过，沟通时不宜太过急切，要保持一颗淡定的心，明明白白地把你的想法说清楚，千万不要依赖对方的领悟能力。领导都是很忙的，他们不可能坐在那儿猜你想的是什么。

第三，说，就不要怕回绝。沟通并不等于你说了别人一定要接受。许多时候，所处的位置不同，面对的状况不同，都可能有不一样的考虑。遇到领导回绝，你完全没必要垂头丧气，应该更加积极地表明自己的态度："您说的有一定道理，我也感觉自己还有一些需要提升的地方。这次机会我还会参与，希望通过考核更明确自己的问题所在，就算不能成功，也是一次对自己的考核。"这样说话，既不会因回绝而跟领导对立，也不会影响领导对你的看法。

假如回绝得没有道理，让你感到不舒服，也不要急于反击，或是表现出强烈的抵触。最好的应对方法是："感谢您对我的分析，这对我很有帮助。我觉得自己还是很有自信的，也特别期望能够获得机会。如果机会真的不属于我，我会安心做好本职工作。但是，放弃参与不是职业人应有的态度，我希望能借这个机会向您请教请教。"

2. 如何提薪酬要求

　　面试的时候谈工资，是非常重要的。但这个问题很敏感。因此，许多人不知道该怎么提？有的人避而不谈，有的人漫天要价，结果往往不能在待遇方面达成共识。

　　其实，依我说，求职者就应该大胆地说出自己所期望得到的薪酬，坦然地与主考官交谈，说出自己的要求。只要工资要求合理，不会改变自己在主考官心目中的印象。谈工资的时候，只要是有根据，又不失礼，反而是求职者注重自身价值的自信表现。

　　看下面一个例子：

　　一家合资公司要招贤纳士，他们对求职者刘先生各个方面都感到十分满意，想聘请刘先生到本公司担任销售总监一职，于是，双方的话题转移到薪酬方面上来。

　　刘先生要求每月的月薪为1万元，招聘人员不敢贸然答应，因为这已经超过了公司方面允许的权限。那么，刘先生是如何跟招聘人员进行薪酬谈判的呢？

　　刘先生：我希望月薪1万元。我认为，我够条件享有这样的薪水，业务对我来说，不是问题。

面试官：可是根据你的资料，你在目前服务的公司月薪只有6000元。照你要求的数字，比你目前的薪水增加了将近一倍；而一般的情况，最大幅度的加薪也只有30%。通常就任新职时，均约加薪10%。

刘先生：那当然啦，不过，假如贵公司确实有加薪的机会，短期内能够加到1万元，那么贵公司短期内给我8000元的薪水我也会同意的。

面试官：凭你的能力，你要求月薪1万元一点也不过分，那完全是合理的数字。问题是，我的能力只有那么大。按照我们的薪酬体系，只有8000元一个月。你的意思如何？

刘先生：好吧，就8000元一个月好啦。

面试官（面露难色）：给你7500元一个月，你同意吗？

刘先生：不，我希望8000元一个月。

于是，面试官叹了口气，不得已下了结论：好吧，既然非要8000元一个月不可，只好答应你了。

面试的时候，谈论薪水的问题是非常重要的一环。作为求职者，想要获得高薪无可厚非，但是要有理有据，不能漫天要价。另外，要注意讨价还价的方法。下面是一些需要注意的问题：

第一，在面对薪酬问题时，一定不要回答"看企业是怎么规定的"。这样的回答，会让面试官觉得你对自己缺乏自信，而且一旦入职，可能会因为薪酬达不到个人希望而产生困扰，萌生离职的想法。

其实，在投简历时，你就应该对该企业的基本薪酬情况有一个大体的了解。目前，很多企业在发布招聘广告时，都会明确标明薪酬情况。当然有些企业会在"薪酬情况"一栏注明"面议"。

那么你可以在网上查询类似行业、职位的薪酬情况，然后根据个人的工作经历、能力、职业等级等情况，估算出最基本的薪酬底线。

如果你是应届毕业生或者职场新人，在这方面可以采取相对保守一些的态度，以客观资料为最主要的考量重点。

第二，不要一开始就谈薪酬问题。基本上，面试官不会一开始就谈到这个敏感的话题，除非你在简历上标明的薪酬要求与他们能够提供的薪酬相差悬殊，或者过高，或者过低。在宝贵的面试机会中，先谈薪酬问题等于是在浪费面试机会。

这等于是在给面试官提供直接拒绝你的理由。当然，薪酬问题早晚都会正面面对，到那个时候，就不能再推脱了，那会显得你缺乏自信，显得软弱。

第三，不拘泥于薪酬本身。在面试中谈薪酬，不能"就事论事"。你可以告诉面试官，薪水并不是最重要的，你更在乎的是职位本身，因为你喜欢这份工作，所以才投了简历。或者告诉面试官希望企业能够了解自己的价值。这样，就把薪酬问题提升到另一个高度。

第四，设定范围。如果面试官问你希望在企业中得到什么样的待遇，你可以给出一个你希望的薪酬范围，而不要说出具体的数字。因为一旦你说出了具体数字，等于自己封锁了退路，就没有转圜的余地了。

你可以这样说："如果您一定要让我回答这个问题，从我的角度来说，肯定希望自己的薪酬水平符合自己的学历水平和工作经历，我希望自己的年薪不低于××万元。"

对于每年加薪情况，你可以这样回答："员工薪酬水平的提高，取决于企业的经营业绩和盈利状况，但我也希望自己的薪酬增长至少和生活水平的提高保持一致。"

如果你之前的薪酬水平比较高，而你所应聘的岗位不能提供更好和同样的薪酬水平，而你确实很希望拥有眼前的这份工作，你就可以这样回答："我非常希望得到这份工作，所以我可以考虑降低自己的薪酬期望值，但我也希望公司能给我证明自己能力的机会。我相信公司会对我的表现满意的。如果我出色地完成了任务，公司是否会考虑对我的薪酬做一些调整呢？"或者，你可以要求对方缩短试用期，比如将3个月的试用期缩短为1个月。

第五，将"球"踢给面试官。如果你不确定自己提出的薪酬要求能否被面试官接受，你可以请对方来回答。

比如，你可以问他："像我们这样的大公司肯定都有自己的薪酬体系，请问您可以简单地介绍一下吗？"或者"请问，以我现在的学历、经验和能力，以及您对我的了解，在公司的薪酬体系下，我的待遇大约能达到什么样的水平？"

这时候，面试官一般会简单地介绍一下企业的薪酬体系以及奖金、福利和培训机会等。然后，你就可以根据市场行情和该企业的情况，提出你的期望薪酬范围。

3. 如何让领导给你加薪

想谈薪资待遇的时候，我们不一定要直接找领导说该给我涨薪了，那会给领导留下过于功利的印象。懂得沟通技巧的职场人，往往会从工作感悟、自身能力与个人发展规划等方面入手，先跟领导谈谈心，以便为自己的谈薪之路做好铺垫。

徐磊年前受命接替突然离职的市场部经理，不过，是代经理。其间几次重大活动策划，公司大小领导都表示了满意，可这个"代"字就一直没摘掉，工资也还是主管级的。徐磊琢磨，职位变不变化不是最重要的，自己确实经验少，许多方面还在学习中，可是，工作量增加了，管的事多了，承担的责任大了，适当涨点工资应该不过分吧？哪怕给涨个百八十的，也算是心理平衡呀！

自我考量了一番之后，徐磊认为，冒冒失失去找领导肯定不妥，自己已经是管理干部了，不能简单冲动地思考问题，既然感觉薪酬不平衡了，那就有必要了解一下公司用人的规划，也要找到合适的时机再把话谈出来。

这天，新的商场促销方案交到刘副总那里，刘总肯定了徐磊的设计思路，夸他能力强，悟性好。徐磊对方案一一做了说明，然后话锋一转，谈起公司的管理层职业规划："刘总，我来公司之后，一直工作在一线，对于现在市场部的工作，感觉应该更贴近业务需要才好。我的想法是……"

在刘总的不断肯定中，徐磊逐一谈到自己在团队管理上的困惑，希望获得领导的指导。刘总对徐磊用人上的欠缺给了提示，建议他要学会集思广益，不要什么都自己上。徐磊感谢领导的指导，并表明了自己的心迹："我觉得公司应该对大家，特别是我们这种管理经验少的管理干部，做一些职业规划。我们渴望成长，但对如何做、怎么提高有困惑。有些方面希望刘总能抽时间给我一些指教。"刘总痛快地答应了他的要求，俩人约好次日在月会结束后聊聊。

随着跟领导的进一步沟通，徐磊知道了公司是有人才规划的，只是目前还没普及到初级管理人员。对于经理以上人员，公司有再培养计划，还有外派学习计划。徐磊反映了公司用人方面的局限性，用了就放那儿了，怎么做全凭自己悟，好不好也没人再关心。刘总非常重视，告诉他公司会尽快调整这些不好的地方。

半个月之后，人事部找徐磊沟通，对前期考核成绩进行汇总。最终，徐磊因为考核成绩没有达到职务成绩，继续代理经理。但个人薪酬，从主管级调整到了副经理级，还补了三个月的差额。

显而易见，在薪酬洽谈上，简单地运用讨价还价的手段是非常不适宜的。尤其是已经踏上管理岗位的朋友，单纯讨论自己的性价比，自己的收入与付出不平衡，是非常不利于自己在企业中继续发展的。

沟通的方式多种多样，把艰难的谈薪变成融洽的谈心并不是什么难事，只要把握好以下几条说话技巧就可以了。

第一，认可企业和领导。谈心也好，谈薪也好，都应该有一个前提，那就是互相之间相信彼此。假如你认为企业根本就是光要大家拼命，不给大家待遇，也就没必要去谈了。谈的基础是互相有所认可，如果双方失去最基本的信任，也就没什么好谈的了。所以，不认可企业，对领导毫无信任度，那么你无论是谈薪还是谈心，都是多此一举。

第二，把握自己，了解企业。直接谈钱是谈薪的大忌，很容易招致领导的反感，而谈自己和企业则不一样。把握自己，即站在自己的角度，把现有工作与收入进行比较，站在领导的角度进行自我审视，看自己的工作是不是有一些卓越的表现，有超乎职位的工作成绩。了解企业，即看自己的期望与企业现有薪酬制度、人员规划有没有较大的差距。假如差距过大，浅谈一下自己的动态就好了，因为企业制度不可能因为一个人而改变。

抓住这两点，你就可以跟直接领导谈心了，说说你对现有工作的认识，讲讲你对公司用人规划的思考，包括你对这个职位整体的认识。如果是跟人事部门的领导谈心，那你可以把自己在企业中的发展期望讲出来，也可以交流一下自己的思想动态。如此的谈心，会让谈薪变得有逻辑，避免了上来就谈钱的尴尬。

第三，懂得旁敲侧击。对于成熟的管理人员来说，如果谈薪是简单地要求涨工资，那意味着你的能力并没有提高。作为一个在现有企业有发展期望，在现有岗位期待成长的人，你要说的不应该是"我要涨钱"，而应该是"我要发展"。沟通是充满智慧的交流，你完全可以将谈薪蕴含在谈心之中，比如，"企业用人给予了大家机会，我希望更能给大家安定的心，让大家安心踏实地全力以赴，减少不必要的后顾之忧。"

你还可以通过展示内心的期望来打开谈心之门，比如，"我想了解一下，公司对于我们这些初级管理人员除了岗位考核以外，还有什么样的规划。因为作为一个有理想的人，我们都渴望能有更好的发展。"在谈心的过程中，你不妨代表大家发言，比如，"我们的整体待遇，在行业中占一个什么地位？大家对公司的认同，也需要企业给予保障和认可。"

第四，谈心不同于谈判。谈心式谈薪，最重要的一点，就是不要追着对方索要答复。既然是谈心，谈到你的核心问题就可以了，它跟谈判不同，对方不一定要马上给你一个答案。一定要控制好自己，不能谈着谈着激动了，把谈心变成谈薪。比如，直接对领导说"那企业既然有弹性薪酬，为什么我表现比他们好，却不能涨上去呢？"或者"我的成绩和表现，足以证明我称职，公司就应该给我那个待遇呀！"假如你紧迫急于索要结果，那就变谈心为谈薪或是谈判了，违背了谈心的初衷。

第五，自己的价值自己去谈。当你感到自己的付出跟收获不成正比，并因此严重影响到日常的工作积极性时，完全可以找个机会跟领导坦言相告。假如你不好意思提出加薪要求或者不敢去提，反而让领导和同事觉得你缺乏进取心和胆量，并慢慢被遗忘在角落。

谈薪最让人困扰的莫过于直接切入主题，就是把对薪酬的不满直接讲出来，大多数职场人都担心这种直接谈薪酬效果不好。其实，效果好不好不在于你是否直接讲出来，而在于你的价值是否得到了认可。

4. 让领导信服的升职理由

不想当将军的士兵不是好士兵，同样的道理，不想当领导的职员也不是好职员。那些混迹办公室的职场人没有一个不想成为领导，当然，并不是每个人都有机会、有能力成为领导。

如果你觉得自己有能力胜任比现在更高的职位，你觉得是等领导主动给你升职比较快，还是你亲自说服领导为你升职比较快？

要想让领导信服你，心甘情愿地给你升职，你就要证明自己在得到提拔之后能给企业带来的好处，也许这需要动一番脑筋，但是只要你敢于挑战自己，相信努力一定不会白费。那么，什么样的升职理由才是领导信服的，能让领导在第一时间优先考虑到你？

第一，有主人翁意识。主要表现为站在公司经营者的角度说话办事，这可以让领导将你视为经营团队的一分子。对经营者来讲，忠诚与可靠的下属才是能够承担更重要任务的人。尤其是在升职的关键时期，你千万不要随意地跟同事批评你的领导。

第二，思维缜密，积极乐观。在面对巨大的问题或挑战时，你要拿出"泰山崩于前仍面不改色"的气魄；在混乱的状况中，能够迅速理清头绪，找出最有效的解决方法。同时，你还要以积极乐观的态度迎接挑战，减少抱怨，因为领导最欣赏有能力、有积极性的下属。

第三，有团队合作意识。假如你是一个属于单打独斗个性的人，想要挑战升职可能时，请尽可能地从协助周遭有需要的同事开始，这意味着你可以承担更多的责任与压力，并且有协助团队渡过困难的能力。只要你能够获得领导的信任，升职的概率就会大大增加。

第四，向领导展示成绩。与其告诉领导你工作如何努力，不如告诉他你究竟做了些什么，因为对你的直属领导来说，成绩才是决定你是否值得升职加薪的关键因素。不妨试着用一些具体的数字，特别是百分比来证明你的实绩。同时，尽量避免用描述性的形容词或副词，比如"我同某某公司谈成了一笔生意"，最好直接让事实替自己说话，比如"我同某某公司做成了多少万元的生意"。

你还可以将自己的成绩简单写成报告的形式，对工作中学到的经验加以总结，并以报告的形式呈给你的领导，这不仅能够让领导对你的成绩一目了然，还方便以后进一步提拔时进行查阅。

第五，主动争取，当仁不让。想要拥有某一个职位，就要学会竞争，不能过分谦让。因此，当你知晓某一职位出现空缺，而自己有足够的能力胜任时，一定不能保持沉默，而应该及时出击，主动争取，把自己的想法或请求告诉领导。当仁不让者往往都能够让自己如愿以偿，尤其是领导已经有了指定候选人，而这位候选人在某方面条件都不如你时，积极主动争取对你最为有利。如果一味谦让，那你只能错失晋升的绝佳机会。

第六，善于管理时间。从一个人的做事效率中，可以看出他在项目执行上的成熟度。别人处理一件事的时间，如果你能又好又快地同时完成两件以上的事情，就能显现出你在时间管理和项目执行上的能力。假如你想要谋求更高的职位，不妨向领导说明你的计划，告诉领导，一旦你的职位得到了提升，你肯定会出色地完成更多的工作，并且能够更有效地处理手头的事情，进而为企业带来更高的利润。

第七，给领导留有余地。在正式向领导提出自己的想法之前，你最好先做出一些暗示，表明你正在考虑这件事，这样就不会在跟领导商量的时候让他毫无准备了。你可能会觉得这只会给他时间搜罗理由拒绝你的要求，但是请别忘了，你的最终目的并不是要去赢得一场辩论，而是要使领导确信，提升你的职位，有利于公司的大局利益。

第八，最大限度争取信任。就是向领导讲明提拔你的好处，不可否认，这并非那么容易做到。因为你是申请人，领导则是决策者，而有关你各方面的资料又有限，所以是否满足你的请求需要考虑。然而，假如再仔细地想想，总能找出一两条理由说明你所期望的提升对于授予者同样有所裨益。

5. 不为难的请假方法

话说某下属向领导请假，领导计算道："一年365天，52周的双休，减去104天，还剩261天。你每天工作8小时，另外16个小时不工作，减去这170天，还剩91天。你每天用30分钟喝咖啡，用掉23天，还剩68天。你每天吃饭用1小时，用去46天，还剩22天。你通常每年向公司请2天病假，只剩20天。每年有5个节假日，公司不上班，减去这5天，还剩下15天。公司每年慷慨地放你14天假，这样算下来，你的工作时间只剩1天。而你，现在还要请这1天假。这合适吗？"下属听完领导的话，泪流满面，再也不提请假的事情了。

看完这个段子，想必你也惊呆了吧。当然，这只是一个笑话，如果你精通工作时间计算，便知道段子里的这个领导偷换概念，讲了一番歪理。不过，抛开这个笑话，我们知道大多数的领导都不喜欢下属请假。

但是请假是职场人士不可避免的一件事。即便再勤奋的人，总有需要请假的时候。但是在领导的眼里，总是担心请假会耽误工作。如果你没有很好的理由，加上不懂沟通技巧，请假可能会遇到障碍。即便假期被批准，也可能引得领导的反感。

如果你有正当的理由向领导请假，一般是不太为难的。比如，老婆生孩子，自己要住院，孩子得重病，长辈去世……诸如此类的请假理由，领导能体谅，也不多说，通常大笔一挥，就准了你的假。

但是，另外一些假，如病假、事假等，就比较麻烦了。家里下水道堵了，要等着人来通；请年休假出去玩，正好是公司最忙的时候；车子出问题了，要去修理；得了慢性病，需要定期复查……这些事情很重要，但有些可以让别人代劳，有些则不急于一时，这样的理由用来请假，可能就不太容易了。

还有一些请假理由，是不能说出来的，比如，想睡懒觉啊，接私活啊，去别家公司面试啊，逛街啊等，这样一类事情，怎么可能请到假呢？

其实，除了有正当的请假理由，良好的沟通技巧也是请假成功所必需的。比如，你需要提前跟领导做好请假方面的沟通，尽量不要搞突然袭击，让领导措手不及，免得请假成果不理想。

如果你是一个领导，面对下属的请假，如果可能的话，尽量给予批准，因为领导与下属之间需要相互信任，才能配合工作。还有，工作需要讲究心情，真想休假时，下属无心工作，与其让他们在岗位上熬着，不如批准他们去放松一下。

作为领导，别太计较下属的请假理由，即便下属说出的所谓的请假理由，可能听起来并不正当，也不要盲目地拒绝他的请假要求。也许在你眼里的荒谬理由，在他的心里则是天大的事情。因为你不了解对方的立场，所以你很难体会对方的心情。

一个女职员有个3岁的孩子。一天，她的孩子生病了，因此，她很着急，因为平常工作很忙，有时星期天还要加班，很少能照顾孩子。她就去找主管，希望可以请假几天，回家照顾孩子。

可是，那段时间正赶上公司事务繁忙，那个主管不同意，他对自己的女同事说："你孩子病的真不是时候。"本来一直耐心与主管解释的年轻母亲听完这句话后，勃然大怒，立刻提出辞职。

就像上面的女职员，很显然，她最终辞职的原因不仅仅是为了照顾孩子，更主要的是因为那名主管根本不懂设身处地为别人着想。在职场中，多体谅他人，是一件非常重要的事情。

如果你是一名员工，那么请假应有理由，不要编造，最好实话实说。通常领导会从请假理由看其责任心、上进心和事业心，所以要特别注意。休假前还要与领导沟通好，安排好工作，这样请假会比较容易得到批准。

要特别注意的是，最好不要频繁请假。因为频繁请假可能会给领导留下不佳印象。最后伤害的还是你自己。

其实，请假难不难，归根到底，看你平时的工作表现好不好，以及跟领导平时的沟通顺不顺畅。

通常来说，优秀的下属和经常跟领导做有效沟通的下属，请起假来往往就比较容易。而平时工作表现一般，尤其是跟领导沟通较少的下属，请假会比较困难。

6. 如何让人配合你的工作

就一家公司来说，没有哪个部门是最重要的，也没有哪个部门是不值一提的。销售把产品卖出去的前提是手里有产品，货物交割离开运输也行不通，成交再多没有财务也不能画上句号，哪个环节没有人做，公司都运转不起来。所以，各部门在企业里就像一部机器上的零件，机器离开任何一个零件都会出毛病。

既然一个部门不能独立存在，那它必然会跟其他相关部门产生互动，那么，身为部门主管，我们该如何跟衔接部门取得良性的互动，使工作进展得更加顺利，完成得更加漂亮呢？这就要提到跟衔接部门进行沟通的技巧，如果不懂，那可就惨了。

沈一飞拿着三张出货单一路小跑，终于赶在六点整杀到库房门口，见库房主管马骏正好走出来，赶紧一个箭步拦在其面前："老马，赶紧帮我出了这几单货，客户明天早上九点就到。"

马骏抬眼皮盯了沈一飞一眼："怎么又是你呀？不是客务专员负责提货吗？我已经收拾完了，要不明天早点过来给你出吧。"

"哎哟，客户说了，拿了货还要去别的地方呢！我们这月差一点完不成任务，要不怎么是我来呢。帮帮忙啊！快，快，就几分钟，你跟我说话的这会工夫都办妥了。"

马骏不情不愿地打开门，重新回到库里点货出货，还说了句："你就不能早点来？每次都卡着下班点，你也体谅我们忙一天了好不好。"

这天下午，客务部几个人正忙得不可开交，沈一飞迈着大步冲进来："谁给安排一下？我们组一会儿有两个客户来，谁帮忙接待一下！"

几个女生七嘴八舌地叫唤开了："沈主管，你怎么总是半路杀进来呀？其他部门都提前一天约，公司也有规定要提前一个工作日的。就你，总是临时下命令。"

"客户能谈成不容易，我们那边一天到晚费嘴费力的，好容易约来，你们不接待是不是？"沈一飞虎起脸来。

"行了吧，每次你都这么说，要不就是客户的要求，要不就是你们不容易。你老是搞特殊，三天两头加临时，别人的都不重要吗？也没见比别人多约见几个，派头可是够足的！"

沈一飞正要发作，转身见是客务经理方楠，压了压火说："这不是新人来了刚开张嘛，要不我能急成这样？"

"小沈，你急我理解。可你老是搞急茬儿就不对了吧？咱们是得相互配合，你们联系客户我们接待没错，可不能你什么时候叫，我们就得什么时候闲着吧。你给我点时间安排，到时候谈的质量也高，成功率自然提升了。你说呢？"方经理的话软中带硬，沈一飞皮笑肉不笑地应声出去。

虽然沈一飞能力不错，部门经理很看重，可是前来告状的库房主管和客务经理还是让经理很头痛，只得给他上上沟通技巧课。

如果持续出现关联部门间的合作摩擦，可能是工作流程不合理，或是方案中某些结点考虑不周全。这个时候，我们要学会跟关联部门的管理人员一起商讨解决办法。只要是抱着真诚的态度，积极主动地进行沟通，任何流程上的衔接问题都能得到解决。

在进行工作衔接的时候，我们一定要注意沟通的态度和时间，不然，你的工作将直接影响到上游的消化体验和下游的后续处理。

比如，上游将自己所负责的环节处理完毕，等待着你的下一步动作。如果你接受工作时表现得事不关己，或是"到我这儿了，你就别掺和了"，上游就会感到非常不安。在你接手之后，如果没有做到主动定期沟通，上游人员就会随着时间的推移产生焦虑，上游部门的主管自然会主动找你询问。此时，你已经错过了主动沟通的时机，在被动沟通时假如再不能正确面对，反而责怪别人频频催促，部门之间就很容易产生摩擦。

有沟通才能更好地合作。对于你传递到下游的工作，务必要做好前期的沟通，否则不仅会给下游处理工作造成很多麻烦，还无法做到协调一致，甚至可能引起误会，激发矛盾。在跟下游衔接部门的沟通中，要注意整理好相关材料，最好以文字形式详细说明。假如出现工作回流，则应主动配合下游管理人员，先接下退回来的工作，再想办法处理。此外，再次送交下游部门时，一定要做好工作说明。

接到上游或中游传递下来的工作后，下游部分要有一个正确的态度，可以先表明自己对工作的重视程度，给予时间上的一定判断。在处理工作的过程中，要定期与之主动沟通，让对方了解你们的工作进程，有什么变动都要做到及时告知。这样，对方才会主动跟你配合，才会理解你完成工作的难处。这种沟通，对关联部门间的配合非常重要，也是下游部门要主动做的。

第七章

不尴尬的拒绝艺术

在职场上，要懂得拒绝，可别让不好意思害了你，因为人的精力和能力是有限的，不可能面面俱到。你可以助人为乐，给人帮帮小忙，但要注意量力而行，适可而止，否则的话，你就可能陷入困扰，身心不安。对于他人的请托和要求，不能接受的，就要大胆拒绝。本章将告诉你一些拒绝的方法，让你的拒绝不再尴尬。

1. 拒绝的话放到最后

当别人有求于你时，你想拒绝却又无法说明原因，也不便向对方多说什么道理，但又不得不让对方有台阶可下。这时，说"行"当然不好，说"不行"又会使对方不安的心理加剧，而产生强烈的反应。怎么办？你必须学一些巧妙的拒绝方法，这样既能达成拒绝的目的，又不会造成尴尬，影响人际关系。

年关将近，某公司财务主管江先生带着五六个下属，正为年底财务报表、查账、对外借款的事情而忙碌。却没想到中午吃饭的时候，市场部的主管老刘竟然忙中添乱，一脸苦相地向他求援：

"小江啊，能不能帮哥哥一个忙，最近公司要参加一个促销活动，我手底下的全部人马现在都是一个当十个用，老总给的活动经费又不宽裕，没法到外面雇人，所以我想能不能从你们部门借两个人手给我用两天？我知道现在每个部门都是大忙的时候，我也是实在没办法，才来难为你。"

看着老刘一副着实为难的样子，江先生一时犯了难。江先生与老刘私交不错，老刘在以往的工作中对江先生的帮助也不少。所以无论从部门之间团结互助的角度说，还是单从个人交情上来看，只要能够腾出人手，江先生就不能不帮老刘这个忙。

但是，现实的问题是，财务部本身的工作尚且需要整个部门加班加点地往前赶，而他这个部门主管如果在这个时候，再将人手借到其他部门，肯定会引起下属不满，最要紧的是本部门的工作不能如期完成的话，到老总那里也不好交差。

思前想后，江先生觉得还是坦诚相告为好："嗯，你的难处我知道，现在大家都挺忙的，你刚才提到外雇人手的事儿，倒让我想到一个主意，我想知道，你能拿出多少钱来到外边雇人手？"

老刘低头沉吟片刻，说："至多能拿出800块钱，活动搞4天，怎么也得雇5个人，这样算下来每个人一天只能拿到40块钱，根本没人愿意来呀。"

江先生说："也不能这么说，你看，我是这么想的，现在正是大学生放假的时候，我有个好朋友是大学老师，看能不能让她在学校里招几个大学生来。这样的话，费用可以低一些，而且对大学生来说，这也是一个不错的实践机会，他们肯定也乐意来，你觉得怎么样？"

接着，江先生才说出自家的实情："不瞒你说，也不是我跟你诉苦，我们部门现在的情况你也都看到了，大家都忙得跟个什么似的，实在是腾不出人手来。再者说，就算是能抽出一两个人，也是杯水车薪，平白耽误了工夫。不妨考虑一下我的那个办法，可行的话，我这就打电话帮你联络。"

老刘听江先生说得诚恳，提的建议也不错，虽然没有立马解决问题，但还是对江先生充满了感激。

应该说，在上述案例中，江先生的应对方式是很值得我们学习的。因为他采用了一种巧妙的方式，很好地避开了拒绝帮忙的尴尬。

首先，江先生表达诚恳。了解到老刘的难处后，他最先说到的一句话是"你的难处我知道"。话一出口，就让人心里一暖。不管江先生能不能帮上这个忙，至少在老刘的心里，江先生是一个贴心的人，如果帮不了自己的忙，肯定不是因为他不想帮，而一定是有他的难处。

其次，真心实意地为对方着想的态度。江先生很清楚，就算自己一口回绝老刘的请求，对方也能理解，自己确实是因为客观条件所限，爱莫能助。但是出于工作考虑和私人之间的交情，江先生没有这样做，而是真诚积极、尽心尽力地为对方出谋划策。这会让老刘觉得，江先生不仅是好同事，还是关心朋友的知己。

最后，把拒绝的话放在最后说。真心替他人着想的人，即便是自己真的有很大难处，也很少一开口就拒绝别人的请求。而往往是先以对方的实际问题为首要关注点。即使不能像江先生一样，替他人谋划出切实可行的解决办法，但是详细地了解一下对方的情况，适当地表示一下关心也是好的。而在了解到对方的情况之后，再有针对性地让对方明白自己不能帮忙的原委，不但会使拒绝的语气有所缓和，还更容易得到对方的谅解，收到事半功倍的效果。

总之，在现实工作中遇到类似的情况时，我们应考虑本人的能力，量力而行，若无法直接帮忙，则可以提供相关的建议，让其另想办法。

2. 说出自己的难处

在这个人际关系复杂的社会中，每个人或多或少会有几个关系较亲近的朋友，而朋友之间，难免要相互帮点什么忙。如果我们能办到的就应该尽最大的努力去办。假若朋友提出的某些要求非常过分，或者你知道一些事情不在自己的能力范围内，那么，就应该拒绝别人。

在生活中，有些人因为怕拒绝的话会伤害了朋友之间的感情，因此他们在听到朋友的请求时，不顾实际情况，也不顾自己的能力范围，总是勉为其难地帮助别人。结果难免损害到自己的利益，如自己的工作没有及时完成，自己的工作计划遭到扰乱，错过了一个比较重要的聚会等。而且，就算你为朋友尽心尽力，结果因为能力所限，还是没有办法将事情做好说不定，朋友还会因此责怪你帮倒忙。

因此，在遇到这类问题时应该拒绝别人。可是，一个人有求于人时，往往都带着惴惴不安的心理。如果一开始就被拒绝，会使对方心理失去平衡，产生强烈的反感。比如，如果你对别人说"这种事情你自己能解决，何必麻烦别人""我实在没有钱借给你，否则，我就不必如此地卖命了""我们每天都一样的工作，凭什么要我帮你的忙"，别人一定会恼羞成怒，又恼又气地回击你："你这个人讲话怎么如此地无礼呀！难道你一辈子就没求过人吗？"然后拂袖而去，对这个屈辱记恨于心。

因此，很多人在遇到此类问题时，往往感到特别头痛，不知道该如何开口拒绝。其实，对于要别人帮忙的人来说，他们一心想实现自己的愿望，很少考虑给别人带来的麻烦和风险。因此，你只需如实地讲清自己的实际困难，说明无法接受要求的理由，对方就能由己及人地去想问题，体谅别人的难处。

小李承包经营着一家新技术开发公司。几年来，市场瞄得准，经营管理科学，经济效益极好。因而引得许多人都想往这个单位钻。

一天，他的一个老领导打电话，向他推荐一个职员，问能否接收。碍于面子，他就让老领导带着求职者来面试。面试结果很不理想。接收的话，会破坏公司用人制度，影响公司长远发展；不接收的话，老领导以前待自己不错，他碍于面子，不好拒绝。

他左思右想之下，终于想出了一个方法。小李首先请老领导和那个求职者参观了解了公司各工作室人员的工作情况以及公司规章制度。接着向老领导汇报了公司的发展情况，今年的承包合同指标。然后对老领导说："前几年，在您的指导下，公司发展很快，公司上下都非常感谢您的理解和支持。去年年初，我们按照您的指示修订和加强了管理制度和岗位用人制度，效果非常好，希望您能继续指导。对于您介绍的这个小伙子，所学专业不对口，公司研究没有通过，也是怕影响今年承包指标的完成。如果有别的合适单位的话，我再想办法让他去试试。您看这样好吗？"

小李既大大恭维了老领导，给了他很大面子，同时又以制度和合同指标给老领导指出了公司的"难处"。同是公司管理者，老领导自然能明白这个道理，也就不好强求了。

拒绝他人的确是一件既伤感情又容易导致尴尬局面的事情。如果我们能在拒绝人的时候，注意话语的含蓄和否定的技巧，充分说明自己的"难处"，那样不但不伤害对方面子，还能达到拒绝的目的。

三国时期，华歆是孙权手下的名将。曹操听闻后，便请皇帝下诏招华歆进洛阳。华歆启程的时候，有好多亲朋好友前来相送，还赠送了他几百两黄金和礼物。华歆不想接受这些礼物，但他又不好意思当面拒绝。于是他便暂时来者不拒，将礼物统统收下来，并在所收的礼物上偷偷记下送礼人的名字，以备原物奉还。

华歆设宴款待众多朋友，宴会即将结束的时候，他站起来对朋友们说："我本来不想拒绝各位的好意，却没想到收到这么多的礼物。但是匹夫无罪，怀璧其罪。我这么多的礼物在身，诸位想想我是不是太危险了呢？"

朋友们听出了华歆的意思，便各自取回了自己的东西，心里对华歆油然而生出一种敬意。

在日常生活当中，如果你遇到来自领导、同事、朋友或邻居的一些力不能及、身不由己的要求，你可以不用马上拒绝，而是先谢谢他对你的信任和看重，并表示心甘情愿为他效劳，再含蓄地说明自己爱莫能助的原因。比如，你的领导要你在一天内将财物报告整理给他，但你有其他重要文件需要处理，而且还要帮你的领导整理演讲稿，那么，你可以将自己的"难处"讲给你的领导听，他就能理解你的苦衷。这样的拒绝可以使彼此都能接受，不至于把事情弄得更糟糕。

另外，在听到别人要求帮忙时，你也可以反客为主，有意识地发一些跟自己有关的牢骚。因为你的牢骚，对方可能会认为这个人也是很忙很烦的。当对方产生了这种心理之后，你的目的也就达到了，这时即使你提出拒绝，或者你不提出拒绝，拒绝的意思也表达完了。因为你比对方的状态更差，你已经没有能力去帮助他了。

所以，如果一个人遇到了能力不及的事情时，那么就可以表明自己是多么不适合对方的要求，从而达到拒绝别人的目的。

3. 拖延是不错的策略

对许多人来说，拒绝别人是一件很难办的事。当别人提出请求时，一般人不好意思张口说"不"，因为怕伤害到对方的感情，造成两个人的关系疏远。可是，有些时候，我们为了避免多余的困扰，对一些不合理或不合自己心意的事又不得不拒绝。这时，我们可以采取缓一缓、拖一拖的方法来处理。

比如，当对方提出请求后，你不用当场就拒绝，可以这样说："让我再考虑一下，明天答复你吧。"这样，不但赢得了考虑如何答复的时间，而且还会让对方认为我们是认真对待这个请求的。有位车间主任就擅用这种方法：

一名职工找到车间主任说想要调换工种。车间主任心里明白调不了，可是他并没有马上直接回答说"不可能"，而是说："这个问题涉及好几个人，我一个人是决定不了的。这样，我把你的要求报上去，让厂部领导商讨一下，过几天再答复你，好吗？"

车间主任这样的回答可以让对方明白，调换工种不是一件简单的事情，存在着两种可能，这样就能让对方做好思想准备，要比当场回绝的效果好得多。

一家汽车公司的销售主管，在与一个大买主谈生意时，这位买主突然说想要看看该汽车公司的成本分析数字。可是这些数据是公司的绝密资料，是绝对不能给外人看的。但是，如果不给这位买主看，势必会影响两家的和气，甚至会失掉这位大买主。销售主管想了想，说："这个……好吧，下次有机会我给您带来吧。"知趣的买主听后，也就不再纠缠他了。

这位销售主管并没有直接说"不行""不可能"之类的话，但是他的话里却婉转地说出了"不"。

某位作家接到老朋友打来的电话，邀请他到某大学演讲，作家是这样回答的："你能想到我，我非常高兴，等我查一下我的日程安排，我会很快给你回电的。"

作家这样的答复，即使最后表示不能到场，他也有了充足的时间去化解某些可能产生的内疚感，而且还能让对方平静地接受。

李涛夫妻两个人跟银行贷了些款，开了一家日用品商店，两个人起早贪黑，把商店办得红红火火，收入还不错，生活也有了一些起色。

李涛的叔叔是一个游手好闲的赌棍，经常把钱扔在麻将台上。这段时间，由于手气不好，他把钱全都输光了，可是又不服气，想着把本钱扳回来，又苦于没钱，于是他就把眼睛瞄准了侄子的店铺，打定了主意。

一天，李涛的叔叔来到店里对李涛说："我最近想买一辆摩托车，可是手头有点紧，还缺五千元，你看能不能在你这借点周转，过段时间就还你。"李涛了解叔叔的嗜好，如果把钱借给他，无疑是肉包子打狗——有去无回。何况店里用钱也紧，于是就敷衍他说："好，再过一段时间，等我有钱把银行到期的贷款还了就给您，银行的钱可是拖不起的。"叔叔听侄子这么说，没有办法，只好知趣地走了。

李涛没说不借，也没说马上就借，而是说过一段时间，等把银行贷款还完后再借。这句话里面包含多层意思：第一，现在没有钱，不能借；第二，我也不富有；第三，过一段时间不是确指，到时借不借再说。他的叔叔听后心里就已经完全明白了，但是他并不会心生怨恨，因为李涛并没有说不借给他，只是过一段时间再说而已，给了他希望。

可见，在拒绝别人时，把事情巧妙地一带而过，适当拖延，比正面直接拒绝既有效而又不伤和气。只有这样，才能缓解对方当时急迫的情绪。

4. 故意抬高对方，让他难以开口

被拒绝的人之所以会有一种不愉快的感觉，一方面是由于自己的要求没有得到满足；另一方面是觉得自己在别人心里不重要，或者觉得别人不够尊重自己。不过相较这两种不好的感觉，他们更不愿意自己在心理上受到创伤。如果在遭到拒绝的时候，他的心理上能够得到抚慰，没有不舒服的感觉，失去的东西也就微不足道了。

因此，如果我们想要拒绝某人时，就一定要注意多称赞对方，在无形中将他抬高，满足他的自尊心，那么别人的抗拒感就会少很多。

妻子想买一双新款高跟鞋，对丈夫说："张太太买了一双新款高跟鞋，玫瑰色的，可好看了！"

丈夫回答说："她怎么能和你相比，如果她像你这么漂亮，就不用买高跟鞋了。我的太太身材、长相都出众，不穿高跟鞋也很好看！"

试想一下，如果妻子坚持要买，就等于承认自己不漂亮，身为女人，似乎都不愿意承认这点。因此，这个聪明的丈夫通过夸赞妻子的美貌，巧妙地拒绝了妻子买高跟鞋的要求，既讨好了妻子，又不需要破财，一举两得。

用夸赞的方式来委婉拒绝对方，既可以满足对方的自尊心，又能让对方感觉到自己的要求是不必要的，从而自动撤回其要求。

因此，在生活中，当别人向我们提出难以达到的请求时，我们可以借着抬高对方的办法，让对方感觉自己的状况已经很好，不需要再改善，从而达到拒绝对方的目的。这样，不但没有伤到对方的自尊心，反而还满足了他们的自尊心，同时也使对方难以再开口。

某高校评定职称，小江工作做得不错，不仅发表了十几篇有影响力的论文，还出版了两部颇有质量的学术著作。他希望凭借自己的资历，可破格晋升为副教授。但他在中级岗位任职年限太短，并不符合评审条件。于是小江找到了担任评审小组组长的黄副校长，想让黄副校长在评审时替他说些好话，做做工作。

黄副校长仔细听了小江的话后，对小江说："你的心情我理解，想法也不错。年轻人上进，值得鼓励。但是依我看，对你来说，有没有高级职称没有什么影响，学校里许多教授还没你的影响力大呢！在中级岗位，你那么受欢迎，会显得更突出一些，你看呢？"

黄副校长的拒绝确实很有水平：他既拒绝了小江的要求，又表扬了对方，还说出了不急于评高级职称的好处。小江觉得领导是在爱护自己，当然也就不好再说什么了。

不过，抬高对方的办法不一定是非要直接地对其进行赞美，有时通过贬低自己来抬高对方，在拒绝别人的时候也是一种很有效的方法。

因为大凡来求你办事的人，都相信你能解决这个问题，对你抱有很高的期望值。一般来说，对你抱有期望越高，越是难以拒绝。在拒绝要求时，倘若多讲自己的长处，或过分夸耀自己，就会在无意中抬高对方的期望，从而加大了拒绝的难度。如果适当地讲一讲自己的短处，就能降低对方的期望。比如，在拒绝对方时，你可以说："这件事情对于我来说实在是太难了，我怕到时候和你合作不成反而会成为你的负担。"这样就不至于使对方对你产生不满和敌意了。

总之，我们在拒绝别人时，采取抬高对方的方式，也不失为一种很好的拒绝方法。

5. 尴尬话题不尴尬

在生活中，我们若能把握时机，采取装糊涂的方式，灵活地拒绝一些不必要的干扰和麻烦，不仅可以避免尴尬，还能够表达我们的坚持和喜怒。

美工部的主任为人处事很不错，唯有一样让下属蓝小姐觉得郁闷的，就是这个主任特别喜欢讲一些荤段子。说完之后，他还要逮住一个下属问一句："你说是不是啊？"

初到美工部的时候，蓝小姐只能面红耳赤地听着，直到主任说得尽兴而去。更惨的是，有一次还被主任逮住回答"你说是不是啊？"蓝小姐一不小心成了荤段子的女主角，这让她气恼了好长一段时间。

后来，蓝小姐发现，主任之所以每次都要问"你说是不是啊？"其实是他有点心虚，想借这句话拉着别人买他的账，为自己找个台阶下。蓝小姐决定用这个"台阶"给主任点颜色看看。

这一天，主任又开始讲荤段子，蓝小姐提前准备好耳机，一边听音乐，一边敲键盘。

主任讲完了段子，见蓝小姐没有什么反应，就特意跑到她面前问："你说是不是啊，小蓝？"

"啊？对不起，主任，您刚才说什么了？我刚才没有认真听！"蓝小姐拉下耳机，一脸惶惑地说道。

主任连忙摆了摆手，笑着说道："没事，没事，开个玩笑。"

蓝小姐若是直接对主任的段子说"不"，主任的脸色肯定不会好。她采用了装糊涂的方法，她不说"没听见"，也不说"讨厌"，她说"没有认真听"，什么意思？潜台词大概是：你一个主任，作为领导，说这样不体面的话，不尊重下属，下属又怎么会认真听呢？

如此看似"糊涂"的一句话，就好像软刀子，一下子就扎进了主任的心里。主任明白，再说这样的话，很容易让下属看不起，因此大为收敛。

装糊涂，是一个很好的拒绝办法，但在具体运用过程中，一定要把握好度。太糊涂，会让人认为没有主见；不糊涂，会被人认为难以相处；恰到好处的糊涂，就能编织良好的人际关系。

在职场中，人们会受到这种或者那种规则的束缚。有的时候，这些规则并不是人性化的，如何拒绝一些尴尬的话题，这是一门学问。

叶小姐是办公室里唯一的女性，性格活泼，人也聪明。周围的男同事们都喜欢围着她聊天，一来二去混熟了，叶小姐发现其中有个男同事特别喜欢在她面前讲一些荤段子。

开始，叶小姐善意地提醒过他，没想到这男同事一句话就把她噎住了："脸红什么呀？没结婚怎么了？让你免费接受婚前教育，不是更好吗？"

叶小姐觉得为这样一件事情和对方撕破脸不值得，毕竟在一个公司里，抬头不见低头见，闹得太大，反而让其他的同事看笑话。

当那个男同事再次说荤段子的时候，叶小姐就立刻打断："嗨，老陈，别光顾着说闲话，你刚打的资料存了没有，你的电脑爱死机啊，可别怪我没提醒你。"

"老陈，主任要的那个文件你拟好了没有？可别怪我没提醒你，耽误了可要挨批评的。"

"老陈，那个财务报表什么时候整理完啊，林姐那边等着急用呢……"

几次下来之后，那个男同事就改变了自己的坏习惯。于是，慢慢地，大家的耳根不知不觉地清静下来。

若你不想听别人的话，又不好直接拒绝对方，最好的办法就是堵住对方的嘴——不断转移话题，打断对方。这样的做法看起来似乎不太礼貌，其实一点问题都没有，因为是对方不礼貌在先。

6. 推辞不饮的好说法

酒桌上的难处大家都能理解，应酬是必然的，确实有的饭局又不能不去，甚至还有主动邀约的时候，如何应对就要看你的本事了。你一定要在实践中成长，抓紧时间学会推酒的本事，掌握应酬的技巧。因为只有掌握一些有效的方法，才可以不伤和气地把酒"推"出去。

只要混迹于职场，就免不了遇到酒场，即便你不会喝酒或是不能喝酒，也不可以直截了当地拒绝。此时，如何把酒"推"出去，又不使敬酒者情绪受挫，则是一门需要练就的功夫。

老王荣升部门主管，特邀亲朋庆贺，下属张跃也在其中，然而张跃平素很少饮酒，且酒量"不堪一击"。而老王确实是出了名的能喝、爱喝。

酒宴上，老王提议和张跃单独"意思"一下。张跃深知自己酒量小，忙起身，一个劲儿地扮笑脸，说圆场话："酒不在多，喝好就行。""经常见面，以后还靠您多提拔，不必客气。""你看我喝得满面红光，全托您的福，实在是……"结果使老王无可奈何，只能放过张跃。

饮酒当然应是喝好而不是喝倒，让所有人乘兴而来，尽兴而归。那种不顾实际的劝酒风，说到底，也不过是以把人喝倒为目的，充其量只能说是一种低级趣味的劝酒术，乃酒桌饭局之忌。作为被动者，当喝到平时酒量一半有余时，就应该向东道主或劝酒者说明情况，比如，"感谢你对我的一片盛情，我原本只有三两的量，今天因喝得格外称心，多贪了几杯，再喝就'不对劲'了，还望你能体谅。"如此开脱以后，就再也不要喝了。这种实实在在地说明后果和隐患的拒酒术，凡是明白"乐极生悲"道理的劝酒者，往往都会见好就收。

在酒桌上面对别人劝酒时，你不好不给面子，更不想扫大家的兴，但又想有所节制，因为喝得太多会伤身。那么，如何才能两全其美呢？下面就给大家支几招。

第一，工作论。每逢主陪、副陪和桌上其他人员表示劝酒时，你都可以面不改色，心不跳，轻轻松松、口口声声地以工作为由婉言拒绝喝酒。其表现为"我下午（晚上）还有工作（或者加班），并且工作是领导亲自安排的，非常重要，如果喝多了肯定耽误工作，会受到领导批评，肯定影响或破坏我在领导心中的美好形象，肯定影响前途"等。就算劝酒的人是你的领导，听到你把喝酒提高到了事关个人前途命运、职场生涯的高度，也只能网开一面。

第二，身体论。实事求是地说，过量饮酒对身体健康是颇有危害的。每个喜欢喝酒的人恐怕都知道喝醉酒会引发呕吐、情绪失控，严重影响身体健康。你可以以"身体欠佳"为由，轻而易举地将劝酒者拒之门外。比如，"近几天有些感冒，嗓子发炎，打着针呢。""最近胃不好受，正吃着药呢。""今天身体有特殊情况，不能喝酒。""身体不适应，喝酒就过敏。"要么不说话，从口袋里直接把药品拿出来示众等。另外，还可以以患有脂肪肝、高血脂、高血压等疾病为理由来拒绝。你把喝酒上升到关系到生命和健康的高度，劝酒者只好知难而退了。

第三，安全论。在酒场上有一类人可拒绝一切劝酒，不但理由充分，而且义正词严。毫无疑问，这类人非驾驶员莫数。不管别人如何花言巧语，如何情真意切，如何热情迫切，驾驶员只要说"我开着车，不能喝酒，请为安全考虑吧"，此言一出，谁人还劝？别人也就不好再强求了。你把喝酒上升到本人和他人生命财产，以及事关无数人家庭幸福的高度，劝酒者无功而返也可理解了。

巧妙地推酒，不仅要有巧妙的托词，还要有坚持到底的精神，任凭别人天花乱坠地劝，你一定要笑眯眯地频频举杯而不饮，而且振振有词。这样时间长了，大家就知道你是真的不能喝，下次也许就不会劝了。千万不能中途招架不住而投降，这样一来，别人就会觉得你不是不能喝，而是没劝到家，于是劝的力度加大，你就更难招架了。

除了以上几个比较常见的拒酒理由，在具体操作层面，我们还需要掌握哪些推酒的方法，才能不伤和气地达到拒酒的目的呢？下面就教你一些最管用的推酒词：

第一，"只要感情有，喝什么都是酒。"如果你的确不能喝酒，那就要说服对方，用饮料或茶水来代酒。你可以这样问他："咱们俩有没有感情？"他会答："有！"你就顺势说："只要感情有，喝什么都是酒。感情是什么？感情就是理解，理解万岁！"然后你就以茶代酒，表示一下。

第二，"只要感情好，能喝多少，喝多少。"你可以把这句话展开来说："九千九百九十九朵玫瑰也难成全一段爱情。只有感情不够，才需要用玫瑰来凑。所以说，只要感情好，能喝多少，喝多少。我不希望我们的感情掺和那么多'水分'。虽然我只喝了一点儿，但是这一点儿是一滴浓浓的情。点点滴滴都是情嘛！"

第三，"只要感情到了位，不喝也会陶醉。"你可以试试这样说："跟不喜欢的人在一起喝酒，是一种痛苦；跟喜欢的人在一起喝酒，是一种感动。既然我们走到了一块，就说明我们感情到了位。只要感情到了位，即使不喝也会陶醉。"

第四，"感情浅，哪怕喝大碗；感情深，哪怕舔一舔。"在酒桌上，即使千言万语，无非都归结为一个字"喝"。如果有的人劝酒时把喝酒的多少与人的美丑和感情的深浅扯到一块，比如，"你不喝这杯酒，一定嫌我长得丑。""感情深，一口吞；感情浅，舔一舔。"这时你就要驳倒它们的联系，就说："如果感情的深浅与喝酒的多少成正比，那我们这么深的感情，一杯酒是不足以体现出来的。我们应该一块跳进酒缸里，因为我们这么多年的交情，情深似海。其实，感情浅，哪怕喝大碗；感情深，哪怕舔一舔。"

第五，"为了不伤感情，我喝；为了不伤身体，我喝一点。"如果劝酒者说："喝！感情铁，喝出血！宁伤身体，不伤感情；宁把肠胃喝个洞，也不让感情裂个缝！"其实，这种劝酒方式是不理性的，这时你可以这样回答他："我们要理性消费，理性喝酒。'留一半清醒，留一半醉，至少梦里有你追随。'我是身体和感情都不想伤害的人，没有身体，就不能体现感情，就成行尸走肉了！所以，为了不伤感情，我喝；为了不伤身体，我喝一点。"

在酒宴上开怀畅饮固然好，可是并非每个人都有足够的酒量和兴趣，更何况酒喝得适量是有益无害的，但如果过量饮酒喝得酩酊大醉，就于人于己都没有好处了。因此，面对别人的盛情劝酒，我们一定要学会用语言巧妙地拒酒。

7. 委婉说"不"的艺术

直接拒绝，往往会变成莽撞，造成不必要的麻烦，影响彼此的关系。拒绝还是委婉一点好，因为委婉更有助于化解尴尬。

在现实生活中，总是会遇到需要拒绝别人的时候，这本不是什么奇怪的事，但是若不懂得使用恰当的拒绝方式，则可能带来不好的后果。

老张是一家公司的中坚干部，最近公司让他负责一项权责以外的工作，弄得他头昏脑涨。由于是第一次接触这样的工作，所以不明白的地方有很多，这样一来，就导致了工作进度十分缓慢。偏偏在这个时候，领导又委派他去外地参加一个业务研讨会。

老张心里本来已经够烦躁了，这下更激发了他的抵触情绪，于是他不自觉地用比较强烈的口吻拒绝说："不行，不行，您找别人吧！这么多理不清的事情，让我焦头烂额的，现在根本就没时间参加什么研讨会！"

听到下属这样跟自己说话，领导的心情很不好，怒道："好吧，那以后就不麻烦你了！"

老张已经被诸多杂乱的事情影响了情绪，让他失去了对自己的把控，结果采用直接的话拒绝他人，在不经意间伤害了别人。

其实老张可以采取一种温和的口气，委婉一点，表达拒绝之意。事实上，他的拒绝理由很充分，然而，他太直接了，完全没有注意语气的问题，结果让领导很不满意。

直截了当地说"不"，很容易使对方尴尬、难堪、没面子，这样会影响双方的关系。

其实，拒绝可以委婉表达。同样的意思，用不同的方式表达出来，给人的感受是不一样的。比如，"我认为你这种说法不对"与"我不认为你这种说法是对的"，"你觉得这样不好"与"我觉得这样好"，仔细比较，不难发现，尽管前后的意思是一样的，但在拒绝别人的时候，显然是后者更为委婉，较易为人所接受，不像前者那样有咄咄逼人之势。

如果领导把下属叫来，说："请你今天把这些工作干完，没问题吧？"若下属望着那小山般的公文，摇摇头说："这么多，我怎么可能当天干完。"这样的应对，就太不合格了。

公文堆积如山，就算实在完不成，或者你还有办不妥的理由，若你说："今天无论如何也做不完。"那么领导头脑中的想法往往是："什么？连这点儿小事也办不好？要我办给你看看吗？"这样的话，场面就不太好看了。

该怎么说呢？"我尽量办着看看。"这样的回答，情形便会有所不同。因为你只是"尽量"而不是"保证"，实际你还没有干过，也没有理由肯定答复，你可以设法尽快去做，到下班时还干不完，便可回报"还没做完"。

这个时候，领导看到，也不会太在意，因为你已经维护了领导的自尊心，你所得到的无非是两种回答："确实太多了，明天再做吧。""我叫小李来帮你。"这样便避免了上下级之间的矛盾。

你也可以先试着同意。听上去跟拒绝有点自相矛盾，其实一点都不矛盾。这样做的好处在于，你可以很快消除拒绝的尴尬。你可以说："好，您拿给我看看，要是实在做不过来，您再安排另外一个人吧。"

还有，就是通过俏皮话委婉表示自己的辛苦。比如，"张经理，您是打算不让我回家啊？""王老板，您这是打算要我的命吧。""没问题，老总，但是我现在的任务就像一座座山一样。我会被压死的。"

另外，使用商量的语气，提出一个合理的拒绝理由，也可以达成目的。比如，你可以这样说："老总，能不能放过我？今天我实在是……唉，好吧，实话说，我有一个特别重要的约会。"哪怕你说的理由就是个人私事，但使用商量的语气，总比直接拒绝别人好得多。

总而言之，委婉的话用于拒绝，可以很好地化解尴尬。然而可惜生活中有不少的人，不擅用委婉的话来表达拒绝，结果经常造成一些不必要的麻烦。其实只要平时注意一点，掌握一些委婉拒绝的技巧，完全可以消除这些尴尬。

第八章

效果更好的职场批评艺术

批评别人本身也是一门艺术。有很多人，批评别人的时候，说了很多话，立足点和出发点本来是不错的，但就是由于不注意批评的艺术，没有把握好分寸，结果导致无谓的误解和争端，以致影响了批评的效果。因此，批评者都要记住这样一个道理：把握好批评的分寸，不羞辱他人，婉转地表达自己的意思，这样的批评才能收到良好的效果。

1. 有效的批评总是恰到好处

批评的时候，应该采用一种合理有效的方式，既要摆事实，也要婉转有度。如果你一味地抓住对方的缺点错误进行挖苦侮蔑，或者以对方的缺陷为笑柄，将其当成你茶余饭后的谈资，过分地伤害别人的自尊，这样做反而会适得其反。受批评的人因此会产生抵触情绪，他甚至会以其人之道还治其人之身。所以，批评别人的时候，最好能把握住分寸。

刘诗和袁兰是同事，关系很不错，要做什么事，经常俩人一起。比如开会、午餐、逛街买衣服等。

同事们都知道，袁兰的性格有些大大咧咧，而刘诗更是一直这样认为。俩人在一起的时候，常会开些不大不小的玩笑，比如相互嘲弄一番，因为了解袁兰的性格，刘诗一直都觉得开开玩笑，无伤大雅。

有一天中午，俩人说好一起出去吃饭，顺便去了一趟卫生间。袁兰一阵风似的抢了先。等刘诗进去后，发现坐便器有些脏。从卫生间出来后，刘诗看到袁兰正跟另一个部门的女同事聊天，当时刘诗根本没想那么多，就笑着批评道："袁兰，你怎么搞的？坐便器上面好像都没弄干净啊！"

刘诗只顾说了，没注意边上的另一个女同事正在窃笑。只见袁兰的脸色一下子变得难看起来，然后一字一顿地对刘诗说："你是不是有病？"

说完，她转身就走了，剩下刘诗站在那里，半晌没明白发生了什么事情。后来，俩人的关系急转直下。

为此，刘诗后悔莫及，曾多次向袁兰解释，虽然对方表示无所谓，但是她们再也没有那种如同姐妹般融洽的关系了。

其实像这样的批评，最好在私底下说，不宜在大庭广众下讲。

由此可见，说话一定要小心，尤其是表达批评的话语，不能张口就来。即便是十分要好的同事之间，也要注意表达的方式。有些话只能无人时讲，有些话则根本就不能说。如果你让对方下不了台，很容易让人对你产生强烈的反感，甚至会为此与你结下深深的怨恨。

从根本来说，还是一个表达方式的问题，如果能够注意表达方式，那么批评不会成为沟通的障碍。若是能够把握分寸，采取合理的方式进行批评，达成沟通目的不是难事。

有一天晚上，林太太拿着一张电话账单给林先生看："瞧瞧，儿子在我们出国的时候，打了多少个长途电话，太浪费了！"她指着其中一项说："单单这一天，这一通电话就打了1小时40分钟。"

"什么？这还得了！"听到妻子的话，林先生立刻准备上楼去批评儿子。可是他刚站起来，又坐下了，他想："自己现在正在气头上，如果这个时候批评儿子的话，肯定语言会很激烈，还是不说的好，等气消了再说。况且儿子已经这么大了，要是批评他的话，也得有点技巧才是。"

想了再想，林先生终于把话忍到了第二天中午吃饭的时候，他装作漫不经心的样子对儿子笑着说："你马上就要回学校了，帮我去查一查资料，找一家长途费最低的电话公司，我想咱们家应该安装这样一部电话。"

然后，林先生突然又来个急转弯："咳，其实你上博士班，估计也没有时间打电话，我看我这是多操心了。"

"是啊，是啊，"听到父亲的话，儿子有些不好意思地说，"您是不是看到我上个月的电话账单了？那阵子因为要回学校，一大堆事需要联络，所以电话确实打得有些多了。"

吃完饭之后，林先生很得意，他觉得自己把要说的"省钱、少打电话、别误了功课"这些看似是批评的话，完全换了一个方法说，结果不但没有因此产生一点的不愉快，还达到了批评的效果。

即使别人犯下了"不可饶恕"的错误，在批评对方的时候，也一定要讲求适当的方式。在一般人的眼中，遭到批评肯定是一件很痛苦且没面子的事情，因为"痛苦"，所以受批评的人往往会对批评者产生抵触的情绪，使批评的效果大打折扣，即产生批评的负效应。

因此，在批评别人的时候，如果能够很恰当地把握批评的方法、尺度，使批评达到春风化雨、甜口良药也治病的效果，这样的批评才更加有意义。

2. 就事论事的表述方法

批评的基本原则是就事论事，对事不对人。无论从人情世故来看，还是从解决问题来说，"就事论事"的说话方式实际上都很有参考和运用价值。但是，现在很多人喜欢说："别误会，我这是就事论事，对事不对人。"其实这句话会让人厌烦。明智的人不会这么说，只有那些自以为是的人才会这样表达。因为每当说出此话的时候，人们心里都会琢磨："嘿，这是指的谁呢？"

宁小姐口中哼着歌儿，迈着轻快的步子，来到自家门口的时候，正好遇上自己的好友梁小姐。"哈，瞧你气色不错啊。"梁小姐看了宁小姐一眼，惊讶地说，"有什么好事，说说？"

"哎呀，也没什么，咱们进屋里说。"宁小姐打开房门，口气里透着一丝得意，"其实也没什么，今天开会的时候，受到领导的表扬，看来我的一番努力，没有白费。"

梁小姐笑道："那恭喜你了，看起来不错嘛，这才多长时间呢，你现在就成了部门里的大红人了？"

宁小姐摇摇头道："那倒也不至于，你不知道呢，上一次开会的时候，我挨了批评，一大帮同事都落井下石呢。现在倒好，个个都说我有能力、有见识。前倨后恭，哼，这些无耻的小人！"

梁小姐却笑说："嗨，你这就不对了。虽然我明白你有很高的道德底线，但不要苛求别人也这样，大家都是混碗饭吃，都不容易。就事论事，他们这样表现，也没什么好奇怪的，还不至于无耻吧，这可涉及人格的问题了。"

听了这番话，宁小姐想了想，点头说："的确，大家都不容易，无可厚非。唉，看起来这次我不太客观，还和同事们生了一个礼拜的闷气，太不应该了。幸好我没有说什么难听的话，要不然这以后还怎么和他们相处啊？"

说完，宁小姐还特别感谢了梁小姐的提醒。

我们不应对人性进行扭曲、伤害，也没有必要对人做道德说教、评判，更不能随便对人的素质妄下结论。这是基本的处世之道。对事不对人，就事论事，这才是做人该有的态度和做事该有的方式。

遇到有人犯错的时候，有的人习惯说"怎么又是你""毛病又犯了"……这些话听起来是简单的批评或埋怨，但是事实上很容易让人心里不舒服。为什么呢？

所谓"说者无意，听者有心"，是非问题讲不清。也许你觉得自己所说的话没有什么问题，但别人却会将你的无心之言当成有意地针对。如果有可能的话，最好尽量少发表对他人本身的评价。

针对事情本身发表看法，而不是针对某人本身发表批评。我们要看到事情本身带来的问题，更要关注人们的内心感受，对事不对人，就事论事。

比如，我们可以对别人说"你迟到了半个小时"，而不要说"你没有时间观念"；我们可以说"这件事你做得不对"，而不要说"你这个什么都做不好的家伙"；我们可以说"那些人昨天批评我在某件事上做得不好，今天却赞美我在另一件事上做得无可挑剔"，而不要说"那些人是朝三暮四的人"。

这就是就事论事，只针对事情进行客观的分析，而避免评价别人的人格、兴趣与家庭教养，其核心就是基于事实进行沟通。

这样做的好处很明显，首先，可以让人更加理性、客观地看待问题；其次，可以避免人与人之间的冲突和矛盾。

一方面，我们在对别人提意见或建议的时候，要就事论事，对事不对人；另一方面，别人对我们进行批评和评价时，若不能做到客观和理性，我们要多抱以宽容的态度。

每个人都渴望得到信任和理解，因此对他人的一言一行都很敏感。特别是一些针对自己的批评之语，没有几个人愿意听到。相对而言，人们更愿意听到一些针对某件事情的对错评价。

比如你上班迟到了，如果有人批评你："怎么又是你？老毛病又犯了？"你可以体会一下自己的内心是什么样的感受。这样针对人本身的批评话语，会转移你对"迟到"这件事的内疚，转变为你对这种批评的反感。如果对方换句话说："怎么迟到了？多注意一点啊。"你内心的感受是不是会更好一点呢？

因此，在说事的时候，要注意就事论事，即便是批评，也要注意不能口无遮拦。你可以说"这件事不对"，而尽量避免说"你错了"。

3. 注意批评的对象

作为一名优秀的领导者，批评下属时必须要掌握一个重要原则，那就是要懂得因人而异。针对不同类别的下属，最好采取不同的批评方法，只有这样，才能在达到批评效果的同时，又不至于伤了彼此和气。

一般来说，在批评下属时，领导者应格外注意以下几个方面：

第一，职业情况。首先要视行业而定，不同行业有不同行业的批评要求。即便同一行业，不同工种、不同职务级别担负的责任也不同，批评时也要有所差异。对工作成熟者和初学者，对担任管理工作的员工和普通工作人员的批评也不能一概而论。大体来说，随着员工工作熟练程度和行政级别的提高，对其在工作中的要求也应该越来越严格，批评力度也应该越来越大，尽管方式各有不同。

第二，知识、阅历情况。就每一个下属来看，其知识、阅历情况都是不同的。因此，领导者在批评下属时，必须根据其知识、阅历的不同给予不同的语言艺术。对知识广、阅历深的人，必要时只需蜻蜓点水地讲清道理即可，对方完全能心领神会；而对知识少、阅历浅的人，必须讲清其中的利害关系，因为对方看重的是结果如何，而对其中的细节究竟怎样很少理会。

第三，年龄情况。对不同年龄段的下属，批评也是有差别的。对年长的人，最好使用商讨性的语言，让对方感觉到应有的尊重；对同龄人，则可以自由一些，毕竟彼此有不少共同的地方；对年轻的下属，就有必要适当增加一些开导的语句，以便给对方留下深刻的印象。

第四，下属的性格类型。在批评胆汁质类型的下属时，领导者不宜使用带有较多情感色彩的语言，但又不能因担心起"火"而不敢点，最好能摆明事实讲道理，不给对方以任何发作的借口。在批评多血质类型的下属时，领导者要适当给予情感刺激，激发其前进的活力。在面对抑郁质的下属时，领导者的批评语言最好点到为止，并尽量消除彼此之间的距离感，增加感情上的认同。

第五，下属的改正态度。概括来讲，对改正错误、改进工作有浓厚兴趣的下属，领导者应进行指导性批评，给对方注入一支清醒剂，使其加倍努力工作；对那种缺乏兴趣的人，领导者必须多费些口舌，以调动或激发其改进工作的兴趣；对那些无视批评、屡教不改的人，领导者应给予严厉的批评教育，并制订行之有效的组织行政措施，以儆效尤。

真诚的赞美可以使人愉悦，真诚的批评则具有催人奋进的力量。领导者要管理好自己的下属，一定要掌握正确的批评艺术，让下属心悦诚服地接受批评。

4. 请照顾他人的自尊

一个人在犯了错误受到批评时，强烈的自尊心会妨碍他去接受批评。像"真没见过你这样的糊涂虫！"这类批评的话语之所以不可取，正是因为它们刺伤了对方的自尊心，致使对方难以忍受。

俗话说："人怕打脸，树怕剥皮。"可见，脸面对于人来说是多么重要。因此，在批评他人时，一定要注意时机和场合，要以不伤害他人自尊为前提。

有一个连队要配合电影公司拍一部电影，不知什么原因少带了样装备，致使拍摄无法进行。营长火了，当着全连战士的面批评连长说："你是怎么回事，办事怎么这么粗心，毛毛躁躁的，要是上战场装备不齐行吗？"

连长本身就挺难过的，可营长却当着自己部下的面狠狠地批评自己，心里当然会觉得大丢面子，于是不由得争辩说："我没带是有原因的，你也不能没经过调查就乱批评吧。"

营长一下子懵了，不明白平时服服帖帖的连长怎么会这样顶撞他。事情过后，营长在和连长谈心交换意见时，连长说："你当着那么多战士的面批评我，让我以后怎么做工作啊！"

从上面这个例子中，我们可以看出，如果营长是在私底下批评连长，那么连长就不会生气，还会虚心接受批评。营长错就错在批评时没有注意到时机和场合。

为了保留被批评者的"面子"，在批评的时候，要尽可能地避免第三者在场。不要把门大开着，不要高声叫嚷似乎让全世界的人都知道。在无法避免第三者的情况下，你的语气越"温柔"越容易让人接受。

其实，批评只是一种方法，而不是做事的目的，如果你是一位领导，在批评自己的下属时一定要注意时机与场合，那样下属才能及时地认识到错误，才能心服口服。

李阳的工作表现一直都很不错，各个方面都非常认真负责，可是最近一次在给客户配货时却出了差错。他自己发现后，都吓了一跳，因为他把客户订的价值三千多元的货错发成了价值八千多元的货。同事们很快就知道了这件事情，大家都为李阳捏了一把冷汗。

没过两天，总经理就召集所有员工开会。李阳虽然知道这只是每周一次的例会，可是仍然非常紧张。不过，让所有人没有想到的是，总经理并没有在会上提李阳的事，就好像什么都没有发生一样。

会后，李阳主动到总经理办公室认错。总经理问道："小李，你平时工作一直都是挺认真细心的，这次是怎么回事？"总经理的话虽然带有批评，但更多的是关切。

两个人交流了将近一个小时，李阳主动承认错误，说是因为家里有矛盾才导致工作状态不好的。总经理说："家里的矛盾虽然会影响心情，可是作为职场人，我们不应该把这种情绪带到工作中来……"

此时已经不是在全体员工的大会上，而是在两个人的空间里，因此，不管是批评，还是被批评，双方都可以放下面子就事论事。所以，虽然总经理的语气中仍然带有埋怨批评，可是李阳并没有产生不满情绪。最终，他和总经理一起商定了解决此事的方案。

总之，善意的批评，是进步的阶梯，可是，不分场合的批评则会很容易伤害到别人，带来负面效应。所以，当你在批评他人时，一定要注意时机与场合，在没有第三者的情况下进行批评、教育，这样对方才会对你心存感激。

但是，如果必须要在现场当众批评人，那态度和措辞一定要注意特别谨慎。因为不恰当的言辞可能会激怒对方。因此，在批评他人之前，一定要先停一下，想想怎么说才能更客观，更婉转，更准确。

比如，像这种"你必须听我的，改变那种做法，否则……"命令威吓式的话就很难让人心服口服，就算表面服从了你，他的心里也一定会怨恨你。命令威吓是最伤人自尊的，所以，你不如这样委婉地说："这种做法不符合上面的规定，会带来很多麻烦，让我们看看怎样做才能更好呢？"

再如，"你总是……"像这样的批评话语容易一棒子把人打死，从而挫伤对方的自尊与自信。所以，你不如这样说："你已经有两次是这样做了……"注意，在批评时，一定不要翻旧账，要做到一次处理一次的问题。

总之，在你需要批评他人时，只要按照上面说的那样去做，就一定能够更好地解决问题，并且不会伤到那个人的面子。

5. 批评的话可以很好听

在你的批评、责备之语冲出口之前，一定要三思，因为批评和指责永远无法达到我们所要的目标，批评的效果远不如耐心的、心平气和的点拨。

批评毫无作用——它使人心生防备，并为自己的错误而辩护；它常常伤害一个人宝贵的自尊，伤害一个人的自重感，并激起他的反抗；它所带来的羞愤，常常使你的伙伴、亲人和同事的情绪大为低落。其实，只要我们采取恰当的批评方式，不仅能够化解冲突和矛盾，还能让人心甘情愿地接受批评。

我们可以设想一下这样的情景：假设你坐在出租车上，开车的是一位年轻人，他一只手伸出车外，一只手握着方向盘，把车开得飞快，这时你是否应劝一劝他？

如果不劝，恐怕你一直要提心吊胆到下车，年轻人开车技术蛮熟练，可是谁能保证这种"走钢丝"式的开车法不出点意外呢？如果劝，一面之交，你怎么开口？

有位老妇人是这样说的：

"小伙子，这个地方是不是经常下雨呀？"

"可不是，'六月天，孩儿脸——说变就变'哪！"

"你把手拿进来怎么样？如果天下雨，我会告诉你的。你单手开车太危险啦。"

结果这位年轻人笑了起来，顽皮地说："老奶奶，你不用担心，我会注意的。"说着，他就把手拿了进来。

细想一下，你就会发现老妇人的话有一个"误"字。年轻人把手伸到车外，绝不是为了试试是否下雨，而是一种坏习惯。这一点老人心里自然是明白的。但是，如果客观地指出这是一种坏习惯，这个年轻人在情绪上就可能产生对立倾向。

这位老人看来是深明此理，她知其非但不言其非，而是故意往好的方面误解。这种误解一方面能给对方留面子，消除情绪上的对立；另一方面，又能以误会制造出笑料，使之产生出幽默的效果。这种幽默可称为"误而劝之"。有这样一个故事：

有位作家到美国访问，一位美国朋友带着儿子来看他。就在作家与朋友愉快谈话的时候，朋友的儿子爬上了作家的床，并在上面蹦跳起来。

作家很想直截了当地请他下来，不过，他转念一想：如果那么直接提出异议，这样必定会使孩子的父亲产生歉意，同时也显得自己不够热情。于是，作家就说了这样一句话："请你的儿子回到地球上来吧！"

那位朋友听后，连忙说："好，我和他商量商量。"

这样的说话方式是委婉、含蓄的，属于提醒式的，但它的效果远胜过直接地批评。

记住，批评不是泄愤，不能乱来。若你批评的目的，是为了让对方改正错误，那么你就应该想办法，让对方更愿意去接受你，而不是更讨厌你。以下方法可供参考：

第一，对人怀抱同情心，这样就不会对人吹毛求疵，反而会对其产生错误的原因加以谅解。而且，我们要时刻保持和对方站在同一立场的心态。

第二，说话要温和委婉，杜绝用刺激性或使人听了不舒服的字眼。如果语气令人无法接受，即使对方表面上接受了，心里也会不服气。

第三，话不在多，纠正他人的错误时说得越少越好，最好是一两句话就能使对方明白，然后将话题转到其他方面，不能喋喋不休，让对方产生窘迫甚至反感之情。

第四，面对别人的错误，我们指出并加以指正是应该的，但同时更应该对其正确之处进行肯定或赞扬。这样才能使对方心理平衡，心悦诚服。

第五，在说服他人之前，最好的办法是让对方不知不觉地认可自己的想法，让他觉得是他自己改正了，而不是在你批评之后改正了，这一点非常重要。

第六，对于别人出现的不可挽回的过失，应该站在朋友的立场上恳切地指出来，使他真心地意识到自己的错误并改正，而不应该一味地指责。

第七，语气非常重要，指出别人的错误时最好用请教式的温和语气，没有任何人愿意接受他人自上而下的命令式的口吻。

第八，批评不一定要直言不讳，隐秘地指出他人的错误，能维护对方的自尊心，使他自觉地改正过失。

　　总而言之，批评别人的时候，要客气一点，这样对方会更愿意听你的话，相反，若是你的话不太客气，则容易让人产生逆反心理。批评的话本来就会让人心里不好受，而这个时候，若你说话的方式不太客气，那就更容易让人讨厌了。所以，批评别人的时候，一定要注意自己的表达方式。

6. 先表扬后批评，让对方心悦诚服地接受

心理学研究表明，影响批评接受程度的最主要障碍，是人们担心批评会伤害自己的面子，损害自己的利益。为此，管理者如果能够在批评之前，先打消下属怕丢面子的顾虑，下属会更容易接受你的批评。而打消顾虑的比较好的方法，就是先表扬，后批评，也就是在肯定他的成绩的基础上再对他进行适当的批评。

批评之所以被人拒绝，原因大概有两种：第一，批评者不了解当事人的处境和造成错误的原因，使当事人感到委屈；第二，批评者站在权威性或高人一等的立场，使当事人感到自尊心受挫，从而对批评者产生强烈的反感。不管是哪种原因，实际上都是由于批评者不讲求说话的技巧而造成的。

采用恰当的说服方式进行批评，将使你的意见更有说服力，更容易让人接受。

陈总发现下属老梁最近频频出错，工作效率和业绩每况愈下。陈总并没有对老梁发出严厉的批评，而是趁中午办公室里没有人的时候，把老梁叫到了办公室。

陈总对老梁说："老梁啊，好久没有和你好好聊聊天了，今天中午我正好不困，就占用你一些午休时间，咱俩好好聊聊！"

老梁笑了笑说："哦，好的。"

陈总说："老梁，你是一位非常出色的工程师，来公司好几年了，对公司做出的贡献，咱们公司所有人有目共睹。你设计出的图纸让客户非常满意，并因此为公司创造了很大的价值。对此，我代表公司谢谢你！"

说着，陈总停顿了一下，继续说道："只是最近，我感觉你出了一些状况。你完成一个工程图所需的时间好像延长了，而且质量也达不到以前的高水准，所以，我有些担心，怕你遇到什么困难。如果你遇到了什么难题，一定要告诉我，我们大家共同来解决……老实说，领导对你现在的这种状况不太满意，因为他们对你有更高的期望，所以，如果你有什么难题无法解决的话，就说出来吧！大家帮你一起想想办法！"

老梁说："没有什么难题，只是我最近在工作上有些新的想法，这些想法导致我的工作进度变慢了，还好我现在已经摸索出来了。很快，我的工作效率会再上一个台阶，您就放心吧！非常感谢您和公司领导对我的信任，我一定会努力工作，不辜负大家的厚望。"

看，问题轻松解决！陈总肯定了老梁以往的成绩。虽然是批评，但他的批评让老梁很感动。能得到领导如此赏识，老梁自然觉得高兴，毫无疑问，他会比以前做得更好。

如果陈总没有采取这种说服方式，而是把老梁叫到办公室狠狠地批评一通，会出现什么样的情形？作为领导，这样做是很正常的。但作为下属，听到这样的批评，内心肯定不好受，脾气稍微不好的人，甚至可能根本不做解释，拍拍屁股走人了事。

陈总没有直接批评，而是采用了委婉的说服方法，不仅达到了批评的目的，同时又避免了负面影响，取得了非常好的效果。陈总的做法很值得我们学习：先肯定对方的成绩和优点，然后再提醒对方要注意的事情，这样的批评会更容易让人接受。

某领导的女秘书曾经比较粗心。有一次，他又发现女秘书给自己的文件中出现了一些错误。他有些生气，但并没有直接批评她，而是对她说："你今天穿的衣服真好看，它使你看起来既年轻又漂亮。"领导的称赞让女秘书受宠若惊，因为她知道领导很少赞美别人。

看着她满面笑容，领导接着说："但你不要骄傲，我相信你处理起公文来，也能和你的穿着一样漂亮。"果然，从那天起，女秘书在处理公文时就很少出错了。

当一个人受到称赞以后，他再去听一些建议，就会更容易接受。那事先的称赞就如同苦涩药丸外面的糖衣一样，包裹着批评，使得批评不再那么让人排斥。因此，无论在什么样的情形下，想走近别人，首先就要学会从赞美开始。赞美会给他人一个好心情，使双方很快打成一片。在这样的情形之下，说服计划将会很容易进行下去。

7. 用提醒代替尖锐批评

直接地批评，可能会让人感觉不好，因此，不要一上来就表示责难，采取委婉的方式来表达批评，更容易为人所接受。

假如你在工作中出现了一个失误，你的领导把你叫过去，劈头盖脸地训斥，然后要求你赶紧改正。这个时候，你的心态是怎么样的呢？你关注的重点在哪里？可以想象你的心情有多么糟糕，而此时你思考的重点绝不是失误，也不是如何去改正错误，而多半是心生愤怨。

必须承认，人的逆反心理绝不只是存在于青春期和老年期，也不只是存在于女人和孩子的身上，任何年纪的人都会有逆反心理，特别是面对直接的批评时，我们内心的自我保护意识开启，逆反心理就会产生。于是我们无法静下心来，仔细思考自己的错误，反而是会去怨怪批评者不够大度和礼貌。

对于这样一种心理特点，想要发表批评的人应该去思考，从中获得启示，去优化自己的批评方法。面对任何人的错误，情绪的发泄是不能解决根本问题的。这不仅使问题焦点发生转移，对错误的认知转到了对人的情绪上，也使犯错误的人感到放松。他会认为训斥、打骂已经是错误的代价，双方恩怨两清。

当然，惯常的责骂式批评，表明我们其实并不在乎对方是否真心悔过。这样的考虑当然没有问题，毕竟这是一个讲究速度的时代，谁有这个时间、精力和心思去关注一个人是否真心悔过呢？只要他在表面上服从就够了。再说，即便对方是真心悔过，要是在表面上做得不够，也还是不行的。

所以，许多人习惯于采取直接批评的方法来纠正别人的错误。不过，现在有一种更好的委婉批评方法，不仅可以让人真心悔过，还可以避免直接批评带来的负面效果，不知道你有没有兴趣学习和使用呢？

这种有效的方法，就是问题引导法。通过一些委婉的提问，让人自行发现错误，可以免去你直接发表批评带来的负面效应，效果也很不错。

举个例子，当你对一个程序员直接批评说："你的代码有缺陷。"通常他会有两种反应：第一，他会质疑你的电脑在运行环境方面有问题；第二，他会认为是你不会用。总之，面对直接的批评，人内在的逆反心理会自然而然地发出反击：他会想是你的问题，而不是他的。

要是你能够换种方法，委婉地对他提一个问题："你这个程序和预期的有点不一致，你看看是不是我的使用方法有问题？"这时，他本能地会想："啊，糟了！是不是有缺陷呢？"然后他就会自然而然地去检查。这样的结果，岂不是比直接批评要好得多？

当然，如果你就是要直接批评，或者想要通过批评达到其他的某些目的，诸如表现你的权威，发泄你的不满，打击对方的信心等，那就另当别论了。

批评不是目的，能够让人改正所犯的错误才是好做法。当你看到下属工作时间有些悠闲，心里很不高兴，当即就呵斥："这么慢吞吞地！你是不是不想干活了！"你猜下属心里会怎么想？下属的心里肯定会是这样一句话："还用你说，我当然知道要干活了！"

假如你能够换一种方式，这样表达："今天下雨了，工作放松一些没问题吧？"这样的问句表达的是你的担忧，而不是针锋相对的批评，可以有效避免激起对方的逆反心理，同时，又具有极佳的委婉提醒的效果。当对方听到这样的问话，会很自然地想："哎呀，要死了，不能再这么坐下去了。要不然工作就完不成了。"

通过提醒的方式，委婉表达批评，能够引导他人去思考和反省。因此，动脑筋想一想，怎样批评比较好吧。你需要培养自己的智慧，而不是懒惰和脾气，不要随意发表直接的批评，那样做导致别人不爽还是小事，最糟糕的是，很可能带来过激反应，造成更坏的后果。

问一个问题，委婉地提醒对方，引导对方的思维，让对方自己找到错误，这或许是最好的批评方式。只需要关切地问一句，就能让对方按自己的意愿去行动，还可以避免尴尬。何乐而不为呢？

第九章

办公室里需要注意的言行

　　职场是公共场合，并非私人交友空间，应注意沟通的界限。在这里，有些言行并不适合，有些言行甚至还是禁忌。说错一句话，可能会让你得罪人，也可能让你形象大跌，更有可能让你成为整个办公室的靶子。所以，不要随便乱说。在开口前要先想一想什么话该说，什么话不该说。

1. 切勿背后议论他人

在日常工作中，总有些人喜欢在背后议论他人，其实这是一种不好的习惯，容易引起冲突，破坏自己的人际关系，对人对己都没好处。

一位副校长，平时就喜欢在背后对别人评头论足。他总认为自己什么都厉害，别人都要差他一等。

有一次，在教导处办公室里和几个主任聊天，恰好该校一名女老师进来办事。这个女教师平时打扮较为新潮，人也长得不错。

但是，副校长向来对她的装束就很有意见，认为有伤风化。

等女教师一出门，副校长就对其他老师说道："你看看，她穿的那个样子，什么都露出来了，这种老师教什么书啊，这不是带坏学生吗？如果我老婆穿成这样，你看我不把她休了……"

这话还没说完，谁料到那女教师忘了拿东西，便折了回来。这下听个正着，女教师勃然大怒，对着副校长就大骂起来，丝毫不给他一点情面。

几位在场的主任们劝解了半天，女教师才摔门而出。

面对喜欢背后评点他人的人，一定要保持自己的正直与坦荡。古语有云："来说是非者，必是是非人。"不要以为那些把是非告诉你的人是信任你的表现，他们很可能是希望从中得到更多的谈话材料，从你的反应中编造故事。

当听到关于自己的是非后，不要失去理智，乱发表意见，而应该控制自己的情绪，保持头脑冷静、清醒。

你可以这样回答："啊，是吗？人家有表示不满、发表意见的权利嘛。"或者说："谢谢你告诉我这个消息，请放心，我不会在意的。"

如此，对方会感到无空子可钻，他也不会再来纠缠不休了。

在职场上，有些人总爱三五成群地在一起说别人的长或短，他们说的时候是想保密、不走漏风声，但是世上没有不透风的墙，总有一天他们所说的会被揭露出来。若被人揭露了，只怕不好收场。

老王与老杨是同事，有一次，老王对老杨说："老杨，我总觉得姓钟的那小子为人有点太认真了，简直到了顽固的地步，你说是不是？"

谁料到，老杨一听老王的话顿生反感，说："老王，我先问你，我在背后和你议论我的好朋友，他要是知道了，会不会和我反目为仇？"

老王一听这话，脸"刷"地一红，不吭声了。原来老杨与"姓钟的那小子"是朋友，关系很好。老王根本不了解这一层关系，背后评人，结果撞在枪口上。暂且不提以后的相处，就当时的情景，也够让人尴尬了。

因此，在职场中，千万不要在背后说人，要拒绝传播同事间的闲言碎语或流言蜚语，有问题摆在桌面上，以便大家共同解决。

常言道："人人背后有人说，背后人人在说人。""说人"乃人之本性，但是为何要背后说人呢？有人认为，当面评议人，会使人愤怒，使人对自己产生敌意。而背后点评，则会更安全，因为那样自己就是一个幕后者。然而，他们不知道，如果背后所说的话透露出去，让被说者知道，那么被说者反而会成为幕后者，而背后说人者则会成为明靶子。

对于背后说人者，人们向来敬而远之，因为这些人有一个非常不好的习惯——造谣。今天说某人的妻子有婚外情，明天又说某人不育。这些谣言，有的是为了过过嘴瘾，有的则是圈套。

有些人看不得别人好，看到别人发财了就眼红，看到别人升官了就嫉妒，他们希望别人永远都穷困潦倒、仕途暗淡。别人做生意成功了，他们便说："赚昧心钱。"别人升迁了，他们就说："靠关系。"总之，在他们的嘴里，丑闻都是别人的。

背后说人者，自以为通过这样的方式可以融洽自己与周围群众的关系，事实上正好相反。当他们的议论流传出去，就会很快发酵变味，让人觉得难受。

如果你有什么批评的话，最好当面提出来，不要在背后对人发出议论和指点。这样做虽然看上去似乎有委婉、含蓄的味道，但是很容易让被批评的人感到不是滋味。还有更重要的一点就是，背后批评的话，很可能会在传播的过程中，出现失实的情况。这样一来，经过传播者的添油加醋，有些话明明你没有说过，却会出现在被批评者的耳朵里，如此便很容易造成一些误会。

2. 切勿胡乱开玩笑

我们都知道开玩笑有利于调节气氛，对人际关系的发展具有不可估量的作用。但是如果不恰当地开玩笑，则会带来不必要的麻烦。

开玩笑一定要注意场合和对象。不对的场合，对不适合的人开玩笑，不仅起不到活跃气氛的效果，还会造成误会，甚至酿成悲剧。

小王和小张是很要好的同事，平时爱开玩笑，几天没有见，一见面一个就说："你还没有'死'呀？"对方也不计较，回一句："我等着给你送花圈呢！"两个人哈哈一笑了事。

后来小王因病住进了医院，小张去医院看望，一见面就想逗逗他，说："你还没有死呀？"这一次，小王变了脸，生气地说："滚，你滚！"把小张赶了出去。

人家正在病中，心理压力很大。小张在病房里对着忧心忡忡的病人说"死"，显然是没考虑场合，人家怎能不反感、恼火？

其实，小张说这话也是好意，想使对方开心，只可惜他不该在这种场合开玩笑，使自己的话变得不得体，闹出了不愉快。

　　这个事例说明，有些人说话之所以惹恼人，并不是他们不会说话，而是场合观念淡薄。所以，这些人的当务之急在于增强场合意识。懂得不同场合对说话内容和方式的特定限制和要求，时时不忘看场合说话。

　　除了要注意场合之外，还要注意开玩笑的对象。尤其要注意的是，尽量不要开领导的玩笑，以免造成不必要的尴尬。

　　小唐在一家报社做记者，他是个不拘小节的人，而且特别爱和他人开玩笑。有一天，报社的同事来到报社主任老杨的家里做客。老杨刚当上报社主任不久就开始"发福"，原来高瘦的身材逐渐胖了起来。

　　聊了一会儿，小唐突然对老杨说："哎呀，杨主任，您现在的饭量是不是特别大呀，怎么胖成这个样子了？您拿镜子照照，您的脸胖得都看不到眼睛了，再这样胖下去可是不得了啦！"

　　在场的所有人听了都大笑起来。其实小唐的本意是想说幽默话，并不是刻意讽刺老杨，但是老杨却并不这么认为。在大家笑过之后，老杨没说一句话，十分难堪地转身走了。

　　任何事情都要有度，开玩笑也一样，要讲究分寸，否则，便会适得其反。有三种玩笑开不得：

　　第一，过火的玩笑开不得。有个人喜欢开玩笑，一天，看到男同学夫妻俩在散步，便装作风尘女子打电话给男同学。弄得男同学的妻子误会，大闹一场，后来通过一番解释，这对夫妻才言归于好。开这样的玩笑，既伤害别人，又给人以轻率的印象，实在无聊。

　　第二，伤人自尊的玩笑开不得。有人不顾别人感受，当着众人的面，叫朋友的别名，诸如"矮子""傻瓜"等，这种叫法很不好，建立在别人痛苦之上的玩笑会令人反感。

第三，侮辱人格的玩笑开不得。有人看到姓朱的朋友，有意识地大喊"猪八戒"，看到属猴的人称之为"猴头"，不仅伤人自尊，还给人留下一个无素质的印象，惹得朋友厌烦。

总而言之，不管关系熟悉与否，开玩笑都要有分寸，要看场合、分对象，该庄重时应庄重，千万不要戏耍别人。特别是一些不太擅长开玩笑的人，最好不要随便开玩笑。而觉得自己很幽默的人，则要时刻地问一问自己："开这么一个玩笑合适吗？会不会冒犯人？"

3. 切勿与领导称兄道弟

假如你的领导非常器重你，经常带你出席各种社交场合，你千万不要失了分寸。要是你当着其他人的面跟领导称兄道弟，以显示你跟领导关系匪浅，那么这种行为是危险的。无论领导再怎么民主，他也希望保持一定的威严。

当众跟领导称兄道弟通常会降低领导的威信，这样一来，其他同事也会仿效，甚至拿领导的命令不当一回事。当领导发现他的工作越来越难做，而最终他发现是你破坏了他应有的威严时，那么，等待你的最低限度也是疏远，严重的便是辞退。所以，你一定要记住，不管私底下你和领导的关系有多么好，也不可在场面上和领导称兄道弟。

于浩天刚到宏图公司一个月，由于表现出色，领导非常赏识他。一天，领导把于浩天叫到办公室，亲切地对他说："我把你当作兄弟看待。假如有人做什么对公司不利的事情，一定要告诉我，我准许你可以不通过经理，直接向我报告。"

于浩天听了心里非常开心："看来领导还是非常器重我，掏心窝子的话居然都跟我说！"心里不由得得意起来。

有一次，领导带于浩天去见一个大客户，领导让他帮自己陪酒。不知道怎么回事，于浩天非常激动，喝到兴奋处，他想敬领导一杯，就用力把领导拉了过来，当着客户的面说："来，咱们兄弟喝一杯！"领导面无表情地喝了那杯酒，再也没说什么。

后来的几次聚会，于浩天依然和领导称兄道弟，勾肩搭背的，也不注意场合。最后，因为一件很小的事情，于浩天被领导炒了鱿鱼。

领导就是领导，生活中无论你多么大而化之，但是在职场上，一个小小的称呼也许就会改变你的命运。

谁都想得到尊重，甚至说每个人都有一定的虚荣心，你和领导称兄道弟似乎在向其他人展示你们的关系，给人一种平起平坐的感觉。作为领导，是绝对不容许发生这样的事情的。可能会有一些领导嘴上说没关系，但是你对他的不敬他肯定深深记在心上。因此，在公众场合，下属不要忘了下属的本分，切不可因为自己对"领导兄弟"的盲目信任，表错了情，会错了意。

刚子、大志与李健原是一个部门的同事，三个人关系非常好，常以兄弟相称。后来李健被提拔做了主任，成了另外俩人的顶头领导。为庆祝李健高升，全部门的人第一次吃饭。轮到刚子给李健敬酒，他还像以前那样喊李健"李哥"，李健说了句"好兄弟"，然后和刚子碰了杯，一仰脖子，干了。刚子心头一热，说："主任还是我熟悉的那个李哥。"

后来大志对刚子说："咱们应该喊李哥'主任'，现在毕竟和以前不一样了。"大志说得煞有介事，但刚子并未放在心上。刚子还是坚持叫李健"李哥"，而大志却客气地一口一个"主任"。不久后，李健因为工作出色，被提拔为单位副经理，留下一个部门主任的位置。同事们都觉得这个位置应该非刚子莫属，刚子自己也信心满满，他的业务能力是最强的。可他还没来得及高兴，任命书就下来了，主任的头衔竟然落在了大志身上。

这个决定出乎所有人的意料。刚子很不服气，找到总经理质问，总经理告诉他："这次的任命是李健的建议。李健夸你有能力，可他说你不怎么尊重领导。"原来是因为一个称呼！刚子的心里一下子无比屈辱和苦楚。

几天后，刚子办完辞职手续到经理室向李健告别，李健一遍一遍地对刚子表示着他的惋惜。这让刚子想起李健升迁后，他们三个人的那次"秘密会晤"。那天，李健也说了很多，说三个人仍是好兄弟，不用分什么主任。当时，刚子对这句话深信不疑，并颇为感动。谁知那不过是客套话而已。

不管同事之间的关系是多么稳固，一旦对方变成了你的领导，在地位上看来他就比你高出不少，无论是否承认，你都得坦然接受这个事实。领导是需要朋友，但他更想要得到他人的尊重。生活上，你可以没有顾忌地和领导保持兄弟情谊，但是在公共场合，一定要给予对方应有的尊重。你在场面上给足了领导应有的面子，他自然就会对你另眼相待。

4. 切勿打小报告

在职场中，不少人都喜欢私下里捕风捉影地向领导反映别人的情况，以达到不可告人的目的，这就是所谓的"小报告"。究其原因，是竞争的存在。

有职场的地方就免不了有竞争，那么，有的先进些，有的落后些，都是正常现象，最重要的是心态要平和，要真诚相待，而不应该疑神疑鬼，甚至通过打小报告的手段对同事进行打压。这样不仅贬低了自己的人格，还影响了自己和同事间的关系，得不偿失。

同事间交往，最忌讳的就是厚此薄彼，在领导面前打同事的小报告。对大多数职场人来说，提起那些喜欢打小报告的人，都会深恶痛绝，觉得这是典型的小人行径。

"小报告"多是一些负面的、上不得台面的信息，用打小报告而不是开诚布公的方式来反映问题，是心理阴暗者惯用的一种打击别人、贬低同事的伎俩，自然是大家所不齿的行为。如果有同事打了你的小报告，你会怎么做呢？

谢莉从国外留学回来后，应聘到一家上市公司做特别助理。在工作中，谢莉跟客服部的武思雨沟通最为频繁，她比谢莉早来两年。谢莉因为刚来公司有些事情不太明白，时常会向武思雨请教。

让谢莉意想不到的是，武思雨虽然表面一派和气，背地里却把她犯下的小错误告诉了董事长，添油加醋地打小报告。于是，董事长经常批评谢莉，而且语气一次比一次严厉。

平时谢莉的工作失误都是因为不熟悉公司业务所致，本在可以容忍的范畴之内，可经过武思雨的"报告"，却在领导心里留下了无法胜任工作的印象。这对正处于试用期的谢莉非常不利。

不久，谢莉想到了沟通的办法。

一次，趁在餐厅就餐时谢莉真诚地对武思雨说："武姐，我刚到公司时间不长，跟您学会了那么多东西，可是我毕竟是新人还会经常犯些小错误，您可要好好监督我，见到我有毛病要立刻给我指出来，促进我及时改正。这是我回国后的第一份工作，我很珍惜，希望在您的帮助下，我能顺利度过试用期。"

想到自己刚参加工作时的情景，以及自己对谢莉的所作所为，武思雨有些不好意思了，说："你做得已经很出色了，我们共同进步吧。"

经过这次谈话后，武思雨再没有在董事长面前打谢莉的小报告，谢莉的工作也越来越出色，顺利地通过了试用期，被公司正式聘用。

武思雨属于爱打小报告的同事，这类人的做法主要是为了满足心理上的平衡。他们发现同事的失误往往喜欢报告给领导，并夸张地评说同事的错误，以此来显示自己对公司忠心不二，或者是把同事比下去。

假如谢莉找武思雨质问她为什么要打小报告，必然会招致矢口否认，到头来反倒弄得关系更僵。谢莉就会在没有正式入职之前，就给自己"树敌",不利于以后的工作。

在跟武思雨沟通时,谢莉的措辞非常到位:先把自己的进步归功于武思雨,让她觉得心里非常舒服,接着提出要武思雨监督、帮助自己,"见到我有毛病要立刻给我指出来"等都是比较典型的暗示话语,让武思雨知道自己已经发现她在打小报告,提醒她以后不要再这样做。这样的沟通,话语温和谦逊,不仅暗示了自己的不满,还给了对方台阶下。面对谢莉这样委婉的暗示,武思雨自然不好意思再去打小报告了,毕竟逼急了领导身边的人,对她也没有好处。谢莉就这样,轻松化解了初入职场后的危机。

从习惯上来讲,第一印象非常重要,一经形成,想要改变就很难了。在一个公司里工作,难免会有得罪其他部门同事的地方,假如被你得罪的人是"小人"之辈,你不得不防他在领导面前进你的"谗言",毁掉你辛辛苦苦建立的形象。如果有人打你的小报告,你可以按照以下几点应对。

第一,谨言慎行,不授人以柄。说到底职场不过是"人场",每个人都不是孤立的存在,只要你做到谨言慎行,自然不会给他人留下言说的把柄,这才是上策。如果遇到一个说老实话、行老实事、襟怀坦荡、正直无私的人,人家为人处世恪守礼仪,就算奸诈之人再有非分之心,也难以抓住被诬陷人的把柄。做到这一点,你就可以远离罪恶之源,避免职场龃龉的发生。

第二,积极行动,先发制人。混迹职场,"恶人先告状"的事例不胜枚举。但是,假如被诬陷的人事先采取措施,积极进行自我保护,行动起来,把所发生事情的原委详细客观地呈现给大家,使公司上下对此都有一定认识。那么,那些偷偷摸摸上报的"黑材料"以及背后的各种不实之词等都会被阻止于发生之前。逆转局势也不是不可能。

第三，有理有据，针锋相对。要想正面防范和反击谗言，最为关键的就是选准目标，直接锁定惹是生非的奸人逆行，对其采取公开论战的方法。大胆揭露和坚决批驳对方所散播的流言蜚语，贬斥其不可告人的卑劣行径。如此一来，那些所谓恶人先告状的"材料"和"肺腑之言"等也就通通不攻自破了。

5. 切勿推卸自己的责任

当共同完成一项工作时，相互协作的部门间极易出现纠纷。在责任归属的问题上，大多数部门领导会立刻做出自我保护性反应。一般表现为，马上找出对方的责任问题所在，并强调自己部门的人没有任何责任，比如，"这事不属于我部的工作范畴，他们接手后出的问题，得让他们自己去解决。"也有含蓄一些的说法，比如"从部门分工上说，这个地方我们就挨不着了。"无论是直白还是含蓄，这样的处理方式都是树敌型的，往往会直接影响工作的完成质量，甚至可能影响到公司正常的工作运转。

先不论孰是孰非，在处理部门责任纠纷时，一定要和对方保持恰当的沟通交流。这样，在以后的工作中，部门之间的合作才会更协调。如何跟对方进行恰当的沟通呢？我们先看看下面这个例子，或许你会得到一些启发。

许长锋一大早就火冒三丈地跑去总经理办公室告状："这库房的人也太不负责任了，应该他们准备好的货，到当天了，还在那里散着呢！我都投诉几次了，可一点改善也没有。"听许长锋说罢，总经理也觉得库房的人实在不像话，一个电话过去，经理方敬财就被拎了过来。

方敬财进门却是另一套说辞，强烈抗议业务部的人太霸道，要货不按程序，不提前报单，动不动就要求先给他们预备，不备就告状。总经理见两个人各说各的理，急得面红耳赤，赶紧让他们冷静一下。

总经理见他们都不说话了，开始说："还都是管理干部呢，就这么点素质？吵架说明什么？说明你们都不称职！你们是两个需要相互配合的部门，前面把货销出去了，库房配合准备，可以说谁也离不开谁。可你们做事的时候总是推卸责任，这对员工的不良影响有多大，你们想过吗？"

总经理又说："许长锋，你们老不按规矩办事，以后要管理好自己的手下。小方呀！他们销售不容易，这好容易谈来了单，你们能多帮忙就多帮忙，别太计较了。公司要的是业绩，完不成大家都不好过！以后要互相理解，好好沟通。"

谁知这事刚解决完没三天，库房和业务这边又闹起来了，还越吵越凶。总经理琢磨，这事没处理好，他分别叫许长锋和方敬财过来，仔细听他们讲述了事情的经过。最后总算找到了根源，这发生矛盾的两个部门工作上接触频繁，而且有纠结的地方。库房方面存在的问题是人手不多，来单过于密集又不提前预约时，他们就不能保证及时备货；而业务部方面，销售人员成交不易，所以一旦谈成就希望立刻发货，以免生变。

找到了问题的核心，总经理又找双方的契合点。库房方面的工作表现体现在备货及时、出货准确、交货清晰；而业务部的工作表现体现在销售成功、业绩提升、客户满意。那么只有备货及时、交货清晰，才会赢得客户满意，客户满意才会有业绩提升。想到这儿，总经理彻底搞明白了。

总经理对两位部门主管说："你们必须相互配合，这样才能让客户满意，才能让双方的工作获得公司领导的肯定。只有你们在工作上达成了共识，公司才能有更好的发展。"

不久之后，两个互相讨厌的对头，开始时常凑到一块讨论怎样提升服务水平了。

当部门间出现纠纷后，部门负责人都应尽量站在对方的角度思考。在沟通的过程中，要了解对方办事的基本原则，因为公司对每个部门都有不同的要求，不了解对方所受的制度约束，就不可能成功解决所出现的问题。大家在彼此理解的基础上解决问题，相对来说就少了许多指责和埋怨。

如果跟别的部门出现责任纠纷，你还可以试试以下方法。

第一，学会吃亏。古人说"吃得了亏才打得拢堆"，在职场上同样如此，学会吃亏才能有更大的发展。就算非常明显的是对方部门的问题，你也可以以自觉帮忙的态度对待："没什么，这问题咱们一起解决，都是公司的事。"长此以往，再有什么情况发生，对方也不会过于计较撇清责任，而会主动配合你完成得工作。

第二，主动承担。出现问题并不可怕，可怕的是谁也不愿意负责任，没有人愿意把事情的处理放在第一位。其实，并不是马上证明跟自己部门没关系，或是证明其他部门负全责就万事大吉了，既然是关联部门，工作就是大家的，完成不好谁也逃不脱干系。

最好的解决方法，应该是在出现问题时，敢于说出"这是我的责任，我给公司一个交代。不过，在承担责任前，请配合我把问题解决掉，问题没有处理，我承担了也于事无补，大家都要受牵连"。站出来承担责任，并不意味着由你一个人承担后果，其潜台词是你愿意让步和妥协，留给对方一个解决问题的空间。这样做，你会慢慢树立起良好的公众形象。

第三，彼此妥协。所谓妥协，是指双方在协商、交换观点的基础上找到问题点，协商解决问题的方案。比如，两个部门的领导一起，把遇到的问题分析清楚，然后一起寻找解决办法。这个时候，最忌讳的就是把分清是谁的责任放在首位。谁负责任都可以，关键是拿出解决问题的态度，比如，"事情已经发生了，是谁的责任咱们后议，重要的是赶紧解决问题，让咱们两个部门在公司都有面子。"

无论是谁的责任，双方都应先考虑怎样漂亮地完成工作，再去讨论如何避免以后再出现类似问题。这种建立同盟的沟通方式，才是快速解决问题的最佳途径。

第四，借助领导。如果部门纠纷无法界定，冲突双方可能陷入僵持，这时要想解决冲突，可以由高一级领导或权威人士出面，在调查研究后用仲裁的方式判断孰是孰非。比如，当纠纷双方很难在短时间内做出对错判断，但又急需解决问题时，就可以采用这种方式。否则，长期争执不下的部门纠纷会挫伤公司职员的士气，加深部门之间的矛盾，影响企业内部团结。

6．切勿随意说心事

俗话说："逢人只说三分话，不可全抛一片心。"职场生活免不了有压力，每个人都会有心事，但心事不能随便对人倾吐，应该谨言慎行。

如果随便把心事说出来，当别人看透或者知道你的心事的时候，你的软肋就会暴露在别人面前。如果对方能在保守秘密这个问题上处理得当，就不会出现因秘密泄露而使事情复杂化。因此，当你准备滔滔不绝地向同事诉说你的心事时，请先确定自己是否找对了人。

假如你的心事已经不吐不快，一定要弄清楚：这件心事可以对他讲吗？谨慎选择倾诉心事的对象，是对自己的保护。因为心事往往会显露一个人的脆弱点，而这种脆弱点又会改变别人对你的印象。

朱博是个脾气暴躁的人。有一次，朱博在没有问清楚事情缘由的情况下，就开始对他的下属王晗发脾气，委屈的王晗被训斥哭了……

下班之后，同事小赵和王晗一块儿吃饭，小赵说："朱经理今天太过分了，你别往心里去，别伤心了啊。"王晗刚刚平复的心情又乱了，眼泪掉了下来："你说这件事怎么可以怪我呢？平时什么事我都是安排给下面的人来做。总得有个安排的过程吧，他想起这件事情就要求我立刻交出结果，我能怎么做呢？"

小赵赶忙安慰说："唉，谁让他是领导呢，领导一不高兴，说不定连薪水都不给你发。还是忍忍吧。"王晗一听这话哭得更加伤心了："怎么忍啊？他也不弄清楚事情就乱骂人，谁也受不了啊。别看朱博在我们面前耍威风，那天我逛街看到他跟一个年轻女人非常亲密，一定是在外面养了小情人。哼，都这么老了还不安分！一天到晚就知道对我们这些下属发脾气，太没有领导的魄力了。"

听到这个，小赵没有说什么，淡淡一笑。

一个星期以后，王晗忽然接到通知，她被调到储运部清点库存了。王晗为什么突然间被调到储运部门？难道是因为朱博上次对王晗发脾气的事？原来是王晗在吃饭时口不择言的"倾诉"，被小赵一五一十地告诉了朱博。

心理学家认为，人如果有心事，应该说出来，才不会在心内郁积，闷出病来。这个说法本身是正确的，要说出来没有问题，但不能随便说。也就是说，在倾诉之前一定要谨慎选择倾诉的对象，你可能只是想发发牢骚，没有其他的意图，更没想过要伤害和对付谁。但是，说者无意，听者有心。小心你说的那些"心里话"，有一天会成为刺向你的"利器"。

一天，刘凯在酒吧里遇到了王建，看见王建喝得酩酊大醉，刘凯说："老王啊，你喝醉了，我送你回去吧。"一脸醉意的王建说："唉，你可不知道我有多难啊……"刘凯连忙附和："知道知道！"心想得赶紧把王建送回去，但心里总归有些别扭，因为前一段时间刘凯曾经找王建帮忙解决工作调动的问题，但遭到了王建的拒绝。

刘凯心里正琢磨着呢，只听见王建醉醺醺地说："上次你跟我说你调动工作的事情，不是我不想帮你啊，那个位子，当时有多少人盯着呢。老赵的儿子、老董的侄子都想要，老赵的官比我大啊，我得看他的脸色行事，不得不给他儿子。按说你的能力是最强的、最合适的，我也很想把那个位置给你的。但是我没有办法啊……"刘凯听到这里气往上冲，他没有想到自己申请调动工作失败是因为老赵的原因。

第二天，刘凯就气冲冲地闯到老赵的办公室找他理论，越说越生气，最后两个人就吵了起来，刘凯非常激动地说："昨天王建喝酒的时候都跟我说了，你还想狡辩吗？"

没过几天，王建就接到了单位的下调信。

有心事的时候，每个人都有寻求他人理解的欲望。也许有一天，你觉得某个人很理解你，很能谈得来，一时情绪失控将心事和盘托出。假如当时你没有考虑你的倾诉是否安全，那只能等着后悔了。心事不是对谁都可以说的，就算是再亲密的战友，在向他倾诉的时候也要考虑清楚对方是否值得信任，以免你现在的一吐为快给了别人可乘之机。

7. 切勿讲述太多得意的事

·

弘一大师李叔同曾经写过一副对子：对失意人莫谈得意事，处得意日莫忘失意时。在获得成功的时候，每个人都希望能跟他人分享成功的喜悦，可能这其中含有炫耀得意的成分，很多人对此乐此不疲。特别是处于竞争关系的两个部门之间，谈成大的订单后往往都会去对方面前炫耀一番。这真的有必要吗？

跟他人分享成功无可厚非，对方或许还会真诚地表示祝贺。但是有一点你要记住，无论你有多成功，在谈论的时候都要看清对象，千万不要在失意的人面前谈论自己的成功，这无异于在别人的伤口上盐撒。

有一天，刘国涛约了几个公司的中层领导一起聚餐，主要目的是想借着热闹的气氛，让目前正处于心情低落状态的孙绍海放松一点。

孙绍海不久前因决策失误，被老总当众训斥了一顿，妻子也因为与他感情不和，想和他离婚。他现在是内忧外患，不堪重负了。其他的人都知道孙绍海目前的状况，因此大家都避免去触及与此有关的事。可是，其中一位酒一下肚，就口不择言了。

销售部的赵刚新签了一个大客户，为公司赚了一大笔，自己的腰包也鼓了。他开始大秀自己的谈判经历和销售功夫，说到兴处，还手舞足蹈。得意之情，溢于言表，这让在场的人都感觉不舒服。而正处于失意中的孙绍海更是面色难看，低头不语，一会儿去洗脸，一会儿去上厕所。最后实在听不下去了，就找了个借口提前离开了。出门之前，他生气地对刘国涛说："他再会赚钱也不必在我面前炫耀，谁没赚过钱啊，这不是成心气我吗？"

"木秀于林，风必摧之；堆出于岸，流必湍之；行高于人，众必非之。"无论一个人多么优秀，都必须要懂得审时度势，不能清高自傲，一意孤行。在失意的时候，我们不能忘了敬人；在得意的时候，我们更需要敬人。尤其在失意者面前，得意者千万不要炫耀自己的一时之得意。因为任何一个失意的人都对这样的消息不感兴趣，甚至是厌恶。

一个聪明的职场人会将自己的得意放在心里，而不是挂在嘴边，更不会把它当作炫耀的资本。因为胸怀大志的人都明白，只有虚怀若谷地跟他人相处，自己才能在社会上占有一席之地。

在毕业一个月后，钱自强的班主任为他们班组织了一次聚会，意在了解同学们的工作情况。酒过三巡，大家就聊开了。有一些同学在外企或国有企业找到了稳定的工作；有一些则进小公司做了职员；还有个别同学整整奔波了一个月都没找到工作。

钱自强属于第一类，喝下一杯酒他就拉着旁边的周跃谈起了自己找工作的经历。他说："小周，你知道吗，我用三天时间就在一家外企找到了工作，待遇很不错啊。那天去面试的时候，我就把面试官整蒙了，他们出的一些问题都太简单了。挣钱不就那么回事！小周啊，明天周末，你陪我去买两套正装吧，顺便送你一套，你看你这衣服都皱成什么样了……"

他刚说到一半，周跃的脸色就很难看，借口不舒服先行离开了。周跃突然离开，钱自强还不明白是怎么回事。当知情的同学告诉他一些情况后，他才恍然大悟原来周跃家里条件不太好，加上还没找到合适的工作，心里本来就不舒服，又加上听了钱自强的这番炫耀，怎么能不难受呢。

在得意之时，谁也免不了有张扬的欲望。但是，谈论自己的得意事，一定要注意场合和对象。你可以跟自己的家人谈，让他们以你为荣；也可以跟你的朋友谈，享受他们投给你的钦羡目光；但就是不能对失意的同事谈，因为失意的人最脆弱，也最敏感。尤其是双方处于同样位置的时候，你所谈论的得意事对那些失意的人来说是一种伤害，容易引起对方心理上的失衡。

也许你觉得自己不过是在说事实，但你的谈论在失意者听来却充满了讽刺与嘲讽的味道，让对方感受到你"瞧不起"他。当然，有的人不在乎这些，你说你的，他听他的，但如此豪放的人真的少之又少。

P后记
Postscript

读完一本职场沟通的书很简单，但是要真正掌握沟通的技巧，以便在实际的生活中灵活运用，却并不容易。不过，只要你愿意迈出第一步，总能有所领会，最终从中获益不少。

职场沟通是一门学问，更是一门艺术。良好的沟通技巧，不仅能让你与他人产生很好的共鸣，还可以帮助你获得想要的信息，同时还能增进彼此的了解，使得双方在心情舒畅中达成共识。

如果你还没有掌握那些细致的沟通技巧，那么，我认为在沟通中，想要获得比较好的效果，你最起码应该做好以下几点：

·微笑。微笑是职场沟通过程中最简单的方式，但它非常有效。通过微笑，我们可以进行最快的沟通。假如你能够展示平和如天使般的微笑，这将直接提升你的个人魅力。不仅如此，经常微笑，还会给你的生活带来无限暖意。

·聆听。用心聆听对方说话，在沟通过程中至关重要。这样做，一方面可以让你了解对方要表达的信息，另一方面也能表达尊重。当然，一个人长时间述说会感觉到累，倾听的人也会疲倦，因此，在交谈时也要进行适度的对答。

·记录。有句名言说："没有记录等于没有发生。"仅靠头脑是很难记住那么多信息的，而书面的记录沟通能有利于信息的充分、准确传播。特别是需要很强执行力的职场，记录能够让信息沟通更顺畅。

·真诚表达。唯有真诚的人，才能打动人心。真诚是良好沟通的极佳基础，你的真诚还可以胜过语言。有时，你不需要说话，只要让对方感受到你的真诚，就能获得他人的信任。

·目光交流。目光交流在沟通过程中非常重要。正所谓眉目传情，没有目光交流的沟通往往效果很差，比如电话交流，想要获得信任是很难的。人们相互间的信息交流，总是以目光交流为起点的。

·心灵沟通。语言沟通再进一步，就是心灵沟通。高明的语言沟通，可以深入心灵。想要达成这一点，你就要做好前面五点。

总而言之，在职场中，沟通是必不可少的，希望你通过阅读本书，可以获得帮助。当你懂得足够的职场沟通技巧后，不仅可以大大提升工作效率，还可以加快你的职场成功步伐。

因此，职场沟通不仅是门学问、艺术，更是一种技能。希望你能掌握这种技能，营造属于自己的良好关系，从此在职场上游刃有余。